suncolor

suncolor

Kære Læser

Jeg håber,
du finder
glæde og
inspiration
i min bog

kh. Ilse

親愛的讀者，
希望您能從我的書中找到喜悅和啟發。
祝您一切安好，

——Ilse

與眾不同的內在力量

高敏感是種天賦

實踐篇

On Being An Introvert Or Highly Sensitive People

| 暢銷經典版 |

伊麗絲・桑德 Ilse Sand／著
林怡君、蘇凱恩／譯

suncolor 三采文化

暢銷經典版導讀

敏感從來不是錯誤

諮商心理師 蘇絢慧

這世界上有不少性格纖細、敏感的人。我也是其一。

據統計，全球高敏感性的人大約占人口的百分之十五至二十，其特徵是在生物學上對周圍環境的細微變化更加敏感，會在情緒、社交、心理或物理上展現出更強烈的反應。

在我的成長過程中，數不清、記不清到底有多少次被周圍的人，不論是親人、朋友、同學、同事或是主管，甚至不知何方來的網路民眾說：「你太敏感了！不要那麼敏感！」對他們而言，這似乎是一句「帶有關懷」的規勸，但同時可能伴隨著他們也無察覺地「貶抑」和「負面評價」在其中。在過往，我會很快地感覺到「我錯了」、「我是麻煩」、「我帶給別人困擾了」等等的自我批判，這些念頭和感受，著實讓我又陷入更下一層的內心地獄，覺得自己生錯了個性，也苦惱著自己為什麼要那麼敏感，讓人批評？

所幸，三十歲之後，我就讀心理與諮商研究所，轉職擔任諮商心理師，我的天地與視野有非常劇烈的變化，我的高敏感帶給我某種天賦，讓更可以聽見人們表面話語裡的更深層感受，除此之外，我的細膩與高度理解的特質對我的心理諮商工作帶來非常重要的助力。有別於過去，我開始感謝我的特質，也以我的特質開展我的專業發展，並且對社會的脈動、人們的心理需求，多了更敏銳的觀察與體會，並創作出一本本心理療癒相關的著作。常有讀者回饋我，我將他們說不出的心情、講不清楚的遭遇說出來、寫出來了，像這樣的回饋，我相信也是我的高敏感特質帶給我的好處。

高敏感在各行各業都可以有其獲得卓越成長的機會，誠如本書作者伊麗絲・桑德所言：「纖細或高度敏感並不一定只會帶給你限制，它也能為你開啟新的可能性。」然而，一旦你放棄成為真實的自己，企圖想要在某種僵化而缺乏多元的社會環境中，追求被強調不要想太多、快速且粗糙的文化所認同，那麼你會非常痛苦，淪陷在不停的自我懷疑、自我苛疚中，無法坦然地接納自己，那麼就更談不上將你的特質勇敢發揮，以各種嘗試的機會去為自己找到高敏感特質最適合的那條路、那個位置、那個環境與那個生態。

伊麗絲．桑德所寫的《高敏感是種天賦》系列在全球皆是暢銷書籍，也為無數曾為自己高敏感特質感到苦惱及自我懷疑的讀者改變他們的觀念、認知及對自己的概念，可說是高敏感族群的救贖之書。事實上，當你好好閱讀這兩本書，就會不斷地發現高敏感的優勢與可貴之處，例如：高敏感人都有豐富的內在，且也有高超與人連結的能力，同時在某些旁人很難察覺有什麼問題的地方，高敏感人都能很快察覺。若能減少習慣性地否定自己與質疑自己，高敏感人可以不用那麼內耗，便有機會也在自己的一片天中，發光發熱地綻放自己，做自己生命的溫暖太陽。

作者序
這是為高敏感與內向型族群所寫的書

我的第一本書《高敏感是種天賦》於二〇一〇年首次出版後，陸續被翻譯成各國語言，在許多國家成為暢銷書。

之後，我在擔任心理治療師門診時與針對這個主題所開設的課程上，也得到許多高敏感族與內向型人士的分享。他們向我傾訴眼前面臨的挑戰，而我也為他們可能碰到的各種情境建議應對策略。身為內向者與高敏感一族，我得到了全新的個人體會，希望可以在這次的書中與大家分享。

《高敏感是種天賦實踐篇：與眾不同的內在力量》是我為高敏感族與內向型族群而寫的書。然而，書中所提的建議，也適用於因為突發狀況或特殊理由而置身於敏感情境的人，如壓力過大、遭遇創傷或是身心累壞了的情況。

我在第1章描述了內向型的人格類型與高敏感特質。後續的章節，則針對接收資訊、內心想像、人際衝突、個人信念、追求快樂等方面，提出許多具體的建議。本書最後也收錄了兩份我自己設計的量表：內向指數、敏感程度檢測，提供讀者自我測試。其中的敏感程度檢測，是以每個人都有敏感特質為基礎，在我的前作《高敏感是種天賦》中附有更完整的自我檢測量表，有興趣的人可以去嘗試看看。

這個世界裡的每個人都不一樣，沒有人能百分之百地符合某種特定型態的描述。你可能在某部分的描述中看到自己的影子，但在其他部分卻又不甚相符。你甚至會發現，即使你覺得自己並不完全符合某種類型，但是本書提到的建議與指示仍讓你受益良多。

在撰寫本書時，我盡量避免累贅的資訊，以簡單易懂的文字來敘述。書中所提的分享案例基於保護當事人的理由，都經過部分修飾調整。這些案例包括了生活常見的情境、我擔任多年教區牧師的心得，以及從事心理治療後的想法。在經當事人的同意後，我也逐一以匿名方式處理。

我在書中使用的「外向」，指的是卡爾・榮格（C. G. Jung）初創此詞所賦予的含意。而美國心理學家伊蓮・艾融（Elaine N. Aron）所使用的「高敏感、社交性外向者」和榮格的意思有所不同。所有高敏感的人都擁有極高成分的內向特質，後續我將在第一章中做詳細的說明。

二〇一七年七月　伊麗絲・桑德

導言

與眾不同是值得驕傲的事

我很高興看到近年來，內向型人格特質和高敏感越來越為大眾所接受。但在過去，大眾對於高敏感族並非如此的看待方式。

一九四六年，我的祖父來到車斯特（Tversted），那裡是丹麥最北邊的一個沙丘區。他為車斯特湖區改頭換面帶來新貌——建造了許多步道和橋樑，設置休閒長椅，把這裡塑造成一個熱門的旅遊景點。他是個個性外向的人，每每在湖邊散步時都會與人閒話家常，甚至還會邀對方來家裡小坐。對他來說，讓到訪的每個人覺得賓至如歸，到園區管理員鄰近湖邊的家中休憩、喝杯咖啡是很重要的事。多數人欣然接受他的殷勤招待，包括在鄰近斯基文鎮（Skiveren）擁有度假別墅的熟人。

我的祖母則是內向的人。對於和她不熟的人而言，她很文靜緘默。我記得她和豢養的雞隻們有種非常特殊的情感關係，她在走進雞寮時會用一種鳥語和牠們說話，空氣中充滿和諧親暱的氛圍。當有意外的訪客來到她和祖父的住處時，你可以感覺到她的笑容有多不自然。某一回，那時祖母身上穿著髒兮兮的圍裙，一頭亂髮，正專心地洗著碗盤，前任丹麥總理延斯・奧托・克拉格（Jens Otto Krag）忽然蒞臨家中客廳。當然了，我祖父對貴客的來訪感到萬分欣喜。

§ 內向，並不是錯

我們都非常喜愛祖父，他是那種很自然地就能吸引大眾目光的人。有部分是因為在許多場合裡，他都樂於大方地起身發表意見，他對每個人都能美言稱讚。他需要人群的陪伴，也總能自在地和陌生人搭上關係。但另一方面，我們常認為祖母是悲傷、不開心的。這些年來，她飽受關節炎的折磨，情況最嚴重時甚至無法隨意地轉頭，也因此必須接受截然不同的生活方式，這是她不願意樂見的。可惜的是，我們竟然沒人能看出並發覺，她是怎樣強迫自己待在這樣一個格格不入的環境中，終日面對她不願也沒有精力去應付的過多社交活動。

我祖父對教會活動很感興趣，也曾擔任車斯特當地的教會職務會長多年。因此，當我接下第一個教區時，他特地南下來到多士蘭（Djursland）——對他來說，這是非常重要的大事。祖父給了我許多的建議，例如我應該在牧師公館的花園裡擺設幾張長椅，好讓會眾們可以在前來散步時，順便享受坐在長椅上閒聊的時光。但是相反地，我在花園和教堂院落間豎起了籬笆。因為我是個內向的人，由衷渴望能擁有自己的寧靜花園。

當我申請多士蘭教區的牧師工作時，那時我還不知道自己屬於內向型人格的個性。但我很快發現，教區的會眾對牧師應該外向的期待，是我能力不及的地方。

在我之前的上任牧師，習慣在會眾過生日時忽然現身道賀「哈囉，我是牧師。生日快樂。」當我沒有按照慣例這麼做時，大家對我的怨言快速地蜂擁而至。但對我來說，要我忽然在某個場合現身是非常非常大的挑戰。如果要我刻意去參加非熟人的慶祝聚會，我會變得笨拙又僵硬；還沒離場，就已經耗盡我好幾天的能量了。在該教區服事的那幾年，即使我創立了喪慟輔導團或是如何關愛我的牧群，總是會有言論批評我沒參加這人或那人的慶生聚會。

當我發現內向型人格這個概念時，真的覺得這是天上掉下來的禮物。我了解到自己並非懶惰、也不是哪裡做錯，我就是個內向的人。這個新知給了我自信以及離開牧師工作的勇氣，踏入嶄新未知的領域，當起一名心理治療師。

§尋找自己真正的長處，肯定它

我在讀了艾融博士對於高敏感族的描述之後，發現它補充了我對自己內向個性的了解，讓我更清楚地認識自己。我對自己總是跟大家不一樣的羞恥感徹底地消逝了，我好開心原來還有其他人和我一樣，也相信那些認為我愛發牢騷、自私自利或懶惰的人是錯看我了。

後來，這也成為我的使命——幫助他人藉由學習自己的人格類型，來獲得更大的自信、了解自己的弱點和認識自己的力量。

即使在今日，內向型的人與高敏感族仍經常被視為是不合群或傲慢的，但我衷心希望這本書能幫他們好好整理自己的內心，更期待能讓更多大眾了解真實的他們。

目錄

第2章 從過度氾濫的資訊中「抽身」！

第5章 用「對」的方式處理衝突、劃定界線

第6章　以你的「內在信念」做決定

第7章　為自己尋找「安身」之處

第8章 這才是「真正」的你

伊麗絲・桑德的14個自我肯定咒語

第1章

重新認識你的「人格類型」

什麼是內向型人格？

當我們在做人格類型區分時，首先要記住很重要的一點，沒有人可以百分之百完全符合某種類型的描述。每個人都比自己所屬的類型還要廣義，而且每個人都擁有可以利用一輩子時間持續發展的能力。

話雖如此，發現並了解自己所屬的人格類型，對於進一步認識自己和他人是很有幫助的。當你吸收了不同人格類型的相關知識，會了解到原來這世界上存在著這麼多不同的生存方式。你也會明白當其他人有不同於你的反應時，不一定是因為對方不對或是你自己哪裡有錯。你們雙方都沒有問題，只是兩造的人格類型不同罷了。

接下來，我將描述內向型人格、高敏感特質以及高度反應，這三者之間的差異何在。

瑞士心理學家卡爾·榮格（C. G. Jung）在一九二一年時，首度針對內向與外向型人格提出完整的描述。後續便開始有許多研究，雖然對於全世界到底有多少內向型的人，所得的統計數字都不盡相同。但普遍相信，內向型占了總人口的百分之三十到五十之間。

以下提供的描述應該能給你一個粗略的概念，看看自己是屬於哪種類型。如果你為內向型人格，這些狀況的答案可能為「非」：

- 我覺得週末不安排聚會是很糟的事，到了週日晚上，我會為此失望。
- 我喜歡什麼事情都摸一下，但如果要我長時間鑽研，我會沒有耐心。
- 我喜愛刺激，而且可以不須太經思索便投入新的經驗中。

- 當我在講話時，思緒通常清晰有條理。
- 我會避免讓自己無聊，把行事曆上的行程填得滿滿的。

另一方面，下面這些狀況，你的答案可能為「是」：

- 如果我必須在很多人面前說話，我得要準備充足後才能上場。
- 即使和大眾的想法不同，只要我認為自己是對的，我還是會相信自己的邏輯或直覺。
- 曾經有人跟我說「你想太多了」。
- 我會選擇要一起相處的人，某些人或某些情況我會想要去接近他們；但其他時候我寧可獨處。
- 我很容易因為所處環境太吵雜而疲累，寧願自己獨處，或是和熟人一起待著。

§內向或外向並不是黑白選擇

在本書的最末，附有完整的內向指數自我檢測量表，檢測完畢後你會得到一個數值，它將呈現你是內向型人格還是外向型人格。

值得注意的是，內向或外向並不是非黑即白、非此即彼的問題。你可能或多或少都有點內向又有點外向。試著在左側的量表，找到你自己的落點。

找到自己的落點了嗎？有些人會發現自己落在中段，這些人稱為中向型。

沒有人是百分之百的內向或外向。依照卡爾・榮格的論點，這樣極端的人大多是瘋子。我們都會落在這條量表上的某一範圍，意思是每個人的性格多少有點外向，也多少有點內向。

你的檢測落點可能在不同的日子，或人生不同階段都會有差異。每次得到的結果會不一樣，但僅僅只有略微的差異。即使你發現自己大部分的檢測結果都落在內向的範圍，但當時的生活狀況也可能會影響你的落點，例如從中度內向變成非常內向。

就算你屬於內向型，你也得擁有在必要時偽裝成外向人的能力。但如果硬撐的時間過長，後續也許會感到疲憊。

§內向者疲於太表面的互動

內向型的人通常對太表面的膚淺互動不怎麼感興趣。

我們一群人站在那兒，手裡拿著迎賓飲料，聊著最近的天氣變化。對外向的人來說，這只是小事一樁。對我來說卻是個表演。外向型的人似乎能從這樣簡單的交流中獲得能量，但我卻覺得好累，我得去找有沒有能深聊的人，我知道這是讓我恢復精神的方式。

勞斯，47歲

說說我自己的經驗，假設我在公車站等車，我比較喜歡沉浸在自己的思緒裡，而不是去和身邊的人講話。但如果聊的話題有意義，即使對方是陌生人，我也會勇於開口和他長談。曾經有很長的一段時間，我一直想把自己的著書介紹給國外的出版社，所以那陣子我對其他國家與文化很有興趣。不論在課堂上、羽毛球球隊、公車站，只要看到外國人長相的人或是聽見外國口音，我會立刻朝那個方向走去。在這些時候，我完全不介意自己試著跟對方攀談的模樣有多麼笨拙。我會盡快結束寒暄的開場白，切入主題。後來的事實證明，對方還真的幫我找到有意願的出版社或是幫我把電子郵件翻譯成該國語言。這樣的結果，讓我獲得了許多值得被鼓勵的愉快經驗。

所以，我真心地建議你可以偶爾選擇使用不同的方法來做事，而非總是選擇自己覺得最安全的做法。事實上，**沒有什麼事是外向型的人能做，而內向型的人不能做的**。內向的人也可以用外向的方式來做事，只是需要更多力氣，比較快感到疲累罷了。

§ 內向者不愛成為目光焦點

內向的人會在成為眾人目光焦點時覺得難熬。像我，如果還得先做自我介紹的話，我還會心跳加速，講話也會變得語無倫次。但隨著時間經驗的累積，我現在開始喜歡為超過百人的團體講課。當然，我依然會緊張，但只要有充足的時間暖場，我其實很喜歡有個可以談論自己所專注主題的空間。只是，一天真的不能太多次。我在講課前需要獨處休息；課程結束後也是，我會累到當天再也沒力氣要自己「外向」。

如果你是內向的人，或許不會特別對在眾人面前表達意見感興趣。但是熟能生巧，**如果你真心想做到並且持之以恆，終究會達到一個讓你覺得熟稔且安全的境界。**

§

內向者需要時間整理自我

如果你是個內向的人，會比外向的人需要更多時間來處理感想。或許，曾有人說過你想太多或別這麼嚴肅看待人生。

當我得到新體驗時，我喜歡一個人去散步來消化感想。我想了解新經驗和既有想法之間的連結點。就好像是我心裡有幅畫，有世界與自我的巨大地圖，每當我有了震撼的新體驗，這幅地圖就會充斥我心靈，占去我內心的所有版面。這時候，我就需要獨處。身邊的朋友常覺得我在處理這些感想時看起來很陰鬱。但其實我只是需要靜靜，去外面走走，等待一切沉澱後，我發現自己變得有成長了。

賽門，38歲

內向的人喜歡獨處，通常也很喜歡戶外、大自然，因為在這樣的空間下，他們可以單獨或和友伴默默地漫步；如果還必須顧及同行的人刻意說話的話，內向的人很快就會覺得有壓力。

我喜歡以不過度打擾內在生活的方式與人相處。我最愛和男友兩人各自占據沙發的一端看看書或是滑平板，我們在自己的小小桌上放一杯咖啡。我很喜歡他伸腳過來壓住我的腿的溫暖與重量，我們在一起很愉快，但也能把心思放在各自專注的事物上。

佩妮莉，27歲

§ 內向者不願為了開口而開口

內向型的人不太會為了開口而刻意找話題。如果你是內向的人，也許你寧可自己一個人待著，也不想只為了有個說話對象而找人作伴。可以的話，陪伴你的人應該要和你有某程度的親密關係或是共同興趣。

> 在大多數的時候，我會很安靜、很孤僻，也很省話。但如果剛好大家在談論的是我感興趣的事，我可以滔滔不絕地說上許久。我特別喜歡和大家一起討論我有興趣的話題，我總會忍不住地分享所知，甚至是不停發問，很難停下來。
>
> 葉斯伯，33歲

§ 內向者怯於分享想法

如果你是內向的人，你也許不喜歡團體合作，寧可單獨行動。籃球和足球這種團體作戰的運動，大概不會對你的味。相對地，羽毛球、瑜伽、田徑等可以自己進行，或是只和少數人互動的運動，對你比較不會造成太大的負擔。

內向的人經常默默地、平靜地行動，也不會有大動作招引旁人的目光。但如果你屬於內向型，相信一定有過被忽視的經驗。許多內向型的人常遇到一個狀況——自己說出口的話被大家忽略，但稍後有人說了一模一樣的話，結果大家卻拍手叫好，其中唯一的差別只是對方的聲量比較大，態度也比較有自信。

所以，**如果你發現自己說的話沒有人注意，不一定是因為你說得不對、沒有見解或是不值得參考。這只是現有文化的慣性，大家大多會去聽取外向者的言論。**

我是從自身的經驗體會到這一點的。當我聽到一個健談的人自信滿滿地發表意見時，那瞬間我會忘掉自己所知和所能。回到家後，自己一個人回想剛剛那人的話，我才發覺其實他剛說的話，只是重複我從某處聽過的論點，而我未說出口的想法反而比他說的更有新意、更完整。或許，你發現自己極少和他人分享想法，是因為你不確定自己所想的是否夠明智或夠中肯。至少我聽過許多內向的人都說有這樣的經驗。

§ 內向者喜愛獨處卻願意照顧旁人

在工作的時候，內向的人喜歡安靜的環境；外向的人比較能感受到開放辦公空間的好處，因為在這樣的空間裡，他們可以自在地與身旁同事接觸往來。但對內向的人來說，周邊講電話的聲音或是討論的聲音可能會讓他們分心而且極度煩躁。若能在安靜的環境下不受打擾地工作，他們較能專心一意，達成最佳的工作成果。

外向的人在談話時總能得到天外飛來一筆的靈感，內向型的人需要獨處，才能深度思索或是和他人談論自己的體驗。其實，我真心佩服那些外向的人總能在談話時切入主題。雖然我也能從中得到新啟發，但還是需要獨處的時間來得到最終結論。

內向人的朋友雖然不像外向者那麼多，但他們會悉心照料身邊的好友。當感覺到朋友可能需要關心時，外向的人通常會為朋友號召個聚會，而內向的人則較傾向於直接伸出援手。

如果我太久沒收到某個朋友的音訊，我會開始擔心。然後我會試著傳訊息給她，看看一切是否安好。如果從她的回覆中感受到她最近過得不是很愉快，我會問她是不是有什麼地方能幫上忙。

蘇菲，31歲

§ 內向者偏好以自身經驗做決定

今日當我們試著要分析一個人是內向人格或外向人格時，一般會問「哪種情況能讓你得到能量，獨處或是與他人相處時？」意思就是當你覺得疲累時，是想要找人陪還是寧可獨處？如果你在疲倦時最需要的是一個人待著，那你可能屬於內向型。但再怎麼內向的人，每隔一段時間也會需要有人陪伴，而他們也會發現如果自己落單太久，也是需要從與人相處中得到能量。

卡爾．榮格是描述這兩種人格類型的第一人，他使用了另一種方式來區分。根據他的論點，外向型的主要特徵在於他們對於外在世界、物質世界、人或活動較感興趣；內向型的人則是對自己或他人的內在世界、思維、夢想、慾望等經驗較有興趣。內向的人不受外在世界所吸引，相反地，他們比較關心外在世界對自身產生的衝擊，並從中找尋意義。

如果問榮格本人如何區分內向與外向型的人格，用現代的語言解釋，他會如此回答「你是以他人的經驗或是自身以外的資訊來做決定？還是以你的認知或真實的體驗為準則？」不管如何，這並不是說內向的人完全不會尋求自身以外的相關資訊，只是說他們最終是以自身的經驗來決定該怎麼做。

當我做決定時，一定要先有必需的資訊，之後我就需要不受打擾的時間。事實上，在面對重要的抉擇時，我習慣有兩晚的時間沉澱，時間要充裕一些，可以出去走走好好思考。在這樣的情況下，我也許能得到清晰的內在感應，告訴我下一步要怎麼走。

普雷，45歲

多數的內向人都是敏感的，但不是每個人都如此。我們可以從數字上來看這個事實，內向型占人口總數百分之三十到五十，而只有百分之十五和二十的人被認為是高敏感族。

高敏感的特徵

距今二十多年前，美國心理學與研究專家伊蓮．艾融（Elaine N. Aron）發表了對高敏感特質的描述。之後，便有許多以此為主題的書籍如雨後春筍般地出現。可見得，現代社會對這個主題有相當大的興趣。

如果你是高敏感族，或許可以從前面我對內向人格的描述中看到自己的影子。高敏感族對人生和自身也會想很多。他們需要獨處的時間，在做決定時特別依賴內在的感受或是直覺。對於大部分活動都習慣事前做準備，更不喜歡與人發生衝突。

高敏感族時常與「五感」敏感有關，也就是說五感對接受到的刺激，反應會特別深刻。這其實有好處，也有壞處。你會比其他人更容易受到干擾，諸如被聲音、味道、光線或溫度給影響。但相對地，對正向感官刺激的感受也會更強烈，如香氣、美景、肢體接觸或音樂等等，都會讓你隨時被感動並覺得喜樂。

不過，也有其他五感特別敏銳的人。舉例來說，自閉症或是創傷後壓力症候群（ＰＴＳＤ）①就是。你也可能因為後天因素變得五感敏銳，如腦震盪、睡眠不足或壓力過大等。

除了五感特別敏感之外，高敏感的人通常富創造力、認真和具同理心。

如果你是高敏感族，這些狀況的答案可能為「非」：

- 公司的年度聚應該至少要開趴個十二小時。
- 我喜歡不知道會發生什麼事的冒險旅行。
- 我什麼都愛吃，不偏食也不挑三揀四。
- 我夜裡總是能熟睡，絲毫不受光線和聲音干擾。

- 我覺得與人小小的競爭能讓人精神為之一振。
- 在同時間有多個活動進行的環境中，我會充滿活力。

而你對以下這些狀況的答案可能為「是」：

- 當我看到或聽到他人受苦的消息，心情會被影響很長一段時間。
- 我很容易受良心的苛責。
- 我擁有豐富的想像力，也很有創造力。
- 我常被別人覺得沒什麼的氣味和聲音干擾。
- 如果覺得室溫過冷或過熱的話，我得去調溫度或是移身到別的地方。
- 我不喜歡衝突。

---

① 創傷後壓力症候群，是一種遭受重大傷害後引起的心理疾病。例如因為戰爭創傷、性侵、強盜，或目擊他人死亡的經驗。其患者會有高度警覺以及神經系統異常脆弱的病徵。在許多案例中，創傷後壓力症候群是可治癒的。

§每個高敏感族的情況都不一樣

即使是高敏感族，每個人的狀況也都不一樣。舉例來說，我自己並不太在意光線的問題，但是有某些會讓我受不了到抓狂的聲音。有些高敏感的人從不認為自己富有創意。高敏感的人不一定對自己每一方面的能力都瞭若指掌。有可能他們有創意天分，只是還沒有機會去培養。多數的高敏感族每天都在迎合他人，或是逼著自己忍耐外來的過度刺激。如果你想和內在的創造力接軌，就需要時間和耐心去深度挖掘自我。

為了更深入了解高敏感族，我們可以來看看美國知名心理學家傑洛姆．凱根（Jerome Kagan）關於高度反應的發現。艾融博士的研究有一大部分是以凱根的研究結果為基礎。她寫到高敏感兒在正常的平靜環境下，比一般孩童有更好的成長表現，這正是引用傑洛姆對高度反應孩童行為的研究，而她也相信這些孩童其實是每五人之中就有一個的高敏感族。

§ 高敏感族的高反應氣質

傑洛姆．凱根曾針對先天遺傳與環境影響進行研究。最初，他深信在氣質的發展上，後天環境的影響遠比先天遺傳還要來得大。然而，一路研究下來，他不得不承認先天遺傳的影響是無法比擬的。

一九八九年時，他找了五百名四個月大的新生兒來測試，他試著給這些小寶寶不同的新體驗，例如陌生的味道、從未看過的繽紛玩具、不熟悉的聲音或是不知道是什麼的聲響（如氣球破掉的爆炸聲）。結果發現，大約每五個寶寶中就有一個對這些陌生的刺激表現不安——他們會變得焦躁、哭鬧或是揮舞手腳，而其餘的四個孩子則保持平靜。

凱根繼續追蹤這些反應敏感的孩子，在他們兩歲、四歲、七歲和十一歲時再次測試，結果發現那些孩子，也持續地和其他孩子不同。剛開始，凱根以「羞怯」來形容，因為和其他孩子相比，他們顯得比較沉默、謹慎。之後，他將這些孩子稱之為「高度反應型兒」。這個用詞描述了一個強大的內在反應，孩子們將這反應表現在不安的行為上。

隨著孩子長大，你不一定能看出他們的內在反應，卻能從外在表現觀察到他們通常很安靜、沉默寡言和若有所思，也較容易哭泣。傑洛姆．凱根的這個研究在學術圈內得到廣泛的支持與認可。

如上述，艾融博士相信凱根研究中的高反應孩童和成人其實是高敏感族，她也認為高敏感人都具有高度反應。

由於我在《高敏感是種天賦》中已針對高敏感的定義闡述過，在這裡就不再多說明。但我將著墨於為何有許多高敏感族會認為自己是外向型人格，事實上就某種層面來說，他們的確是。

高敏感加上內向會等於？

你或許已經注意到內向型人格與高敏感族之間有許多共同點，那這兩者之間到底有無差異呢？無疑地，有部分內向人並非高敏感族。如我在前面提到的，就數字上的證據來說，我們推測有百分之三十到五十為內向型人格，只有百分之十五到二十的人為高敏感。

問題是，高敏感族的人就一定是內向型人格嗎？艾融博士最初是這麼認為的，她對高敏感族的描述很明顯地是以榮格對內向型人格的敘述為基礎。但內向型與高敏感是否相同呢？答案既是也不是。為了了解這兩類型之間的差別，區分榮格所稱的「外向」與艾融博士的「社交外向」是很重要的。

艾融博士是描述高敏感族的先驅，她提到高敏感族裡約有百分之三十為外向型，也就是她所稱的「社交外向型」，這和榮格所說的不同。榮格的外向型人格是指很容易取得主導權，喜歡冒險，並善於抓住機會、可以不經多加思考就快速發言的人，但大部分高敏感族都無法如此。即使是艾融博士稱之為「社交外向型」的高敏感族也一樣。

艾融博士在二〇〇六年②所寫的一篇文章中提到，榮格的內向型與她的「社交外向型高敏感族」之間唯一的差別，在於後者喜歡與陌生人交流，在團體中表現活躍並有許多朋友。因此，艾融博士稱之為「社交外向」的高敏感者，橫跨了榮格兩個類型的人格特質。

§高敏感、內向型人格的相同之處

就會對人生與自身深切反省、傾聽自己內在感受，與相信直覺而非靠外在導引這些特質來看，在某種意義上，高敏感族確實為內向型人格。但在這之中有百分之三十的人同時為社交外向型——有許多朋友，偏好團體生活，喜歡和陌生人相處。根據艾融博士的論點，這百分之三十的人通常成長在習慣於人群的環境中，例如曾經入住學校宿舍或是有許多手足陪伴，對他們來說人群有「家」的感覺。

如之前所提到的，艾融博士相信傑洛姆．凱根的高度反應其實就是高敏感型。據她所說，凱根只是賦予另一個不同的名稱罷了。傑洛姆．凱根在幾個地方把注意力放在高度反應型人與榮格的內向者之間的相同性。他在《The Long Shadow of Temperament》（中譯：氣質的長影）中寫道：卡爾．榮格在七十五年前對內向人格與外向人格的描述，可以完整地運用在我們對高度反應、低度反應的研究上。[3] 從高敏感、內向兩種人格類型與凱根高度反應人格類型的緊密關係中，我們可以看出兩者之間的相似性有多高。

---

② 伊蓮．艾融，Ph.D., "The Clinical Implications of Jung's Concept of Sensitiveness," JOURNAL OF JUNGIAN THEORY AND PRACTICE, 第八卷，第二號，二〇〇六年。

就我個人來說，我在凱根的高度反應氣質中看到自己——很容易受到驚嚇，並且不會未經思考便貿然投身於新事物中。

在我將自己定位於內向人的多年之後，才發現艾融博士對高敏感族的研究。而現在，我認為自己是內向型人格加上高敏感族。

③ 傑洛姆·凱根與南西·史奈德曼合著《The Long Shadow of Temperament》（氣質的長影），二〇〇四年。

高敏感是先天氣質還是後天養成？

艾融博士相信高敏感是天生的，但人們也會因為創傷經驗而得到這項性格特徵。根據榮格論點，人們一生下來就具有能發展為內向或外向人格類型的素質，但是後天所處的環境會將人推往不同的方向，使之發展出與其基因傾向不同的人格類型。

舉例來說，若你天生就具有外向型的素質，但在童年時卻遭受創傷或是被粗暴地對待，你會因此變得怕人，或是選擇內向的生活型態來保護自己。抑或是，假設你天生具有內向人格的素質，但你發現父母比較喜歡你表現得活潑外向，結果你只好改變自己。但是，要發展出與基因背道而馳的相異類型是需要付出代價的。

正如榮格在他的著作《Psychological Types》（心理類型學）中寫道：

一般來說，當天生的性格類型因為父母影響而改變時，該個體之後會有精神上的問題，但可透過發展出符合自我天生秉性的態度得到療癒。④

§ 回顧過往尋找原因

我經常被問到如何知道自己的人格類型是否與天生素質相符，抑或是受到後天環境的制約。人格類型是天生素質與外在影響相互作用下的產物，我們無法得知眼前的人格是受哪些因素影響而產生出來的。如果你在內心深處覺得自己似乎是因為外在影響而變得比較內向或外向，可以試著訓練自己朝相反的生活型態發展，看看是否會增加你的幸福感。

你也可以透過觀察家人來發覺，自己有多少程度是受到先天影響或是被環境制約。如果你的父母中有一人或兩人兼為高敏感或內向型，你的人格類型或許有很大部分是遺傳來的。但如果你是家中唯一的高敏感族或內向型人格，那很可能是環境的因素影響比較大。或許童年時期曾發生過什麼，讓你必須以某種特別方式行事。比較嚴重的是，遭遇過創傷使你變得內向或是神經系統變得特別敏感（即使你可能已經不記得）。

有些人會因痛苦的童年而變得內向、敏感或是過度反應，但也不是每個人都是如此。在同樣背景下，有些人是變得反社會或有暴力傾向。而那些出生時就有高度或中等敏感基因的人，則可能因為在成長期缺乏照顧而過度改變或太過敏感，導致他們在有他人在場的情況下幾乎無法感受到自己的需求。

④ 榮格《心理類型學》第六卷，一九七七年，第三百三十二頁（Jung, Psychological Types in Vol. 6 of Collected Works 1977, p. 332）。

§ 你可以讓人生更有意義

如果你認為自己的高敏感或內向性格主要是受到教育影響，你也許會猜想是否能透過訓練來矯正。若你去尋求心理治療並處理痛苦的童年經驗，或許你會發現自己變得不再那麼焦慮，不再對自己感到羞恥。治療過程中所得的領悟會和其他事物一樣，幫助你更堅強地面對他人的批評，更能捍衛自己與自己的需求。或許，你還會變得更為外向。但你過往境遇所賦予你的高敏感、智慧、對他人苦痛的同理心並不會隨之消逝。

無論你的內向性格或高敏感究竟是為何而來，我都希望後續章節裡的建議和方法，都能幫助你邁向更好的人生，活得更有意義。

第2章

從過度氾濫的資訊中「抽身」！

為思緒創造一個喘息的空間

外向的人即使待在充滿刺激的環境裡也是充滿活力，甚至更能達到最佳的工作成果。例如，和內向的人相比，他們會喜歡邊聽著大聲的音樂邊工作；內向的人則是得在安靜的環境中才能達到最佳工作成效。要置身在一個紛擾程度遠超過你所能負荷的環境中是很不愉快的。或許你有過像卡斯柏一樣的經驗：

我們已經多次收到關於公司調整人事的訊息，這次老闆又丟了一堆代辦事項給我。我心裡真的很想大叫「我不想再聽下去了！」然後衝出會議室。當然，我還是乖乖地留在座位上，但接下來的幾個小時心情都很不穩定。

卡斯柏，42歲

或是像瑪麗亞的例子：

當我受到太多刺激時，像是瘋狂採買後，我會寫下過程中經歷的所有事，然後再講給某位朋友聽，或是單純地靜一靜，好讓我能心平氣和地處理這些事。但在這之前，我會很難溝通。如果在這樣的狀態下還得跟人社交，我極有可能會亂說話。

瑪麗亞，27歲

每個人都需要知道什麼程度的刺激能帶給自己最佳的身心狀態。對內向人和高敏感族來說，這個門檻通常會比外向的人還要低。但重點不是想著要怎麼避開這些會帶來刺激的事物，而是要找到最適合自己的最佳刺激度。

正因為擁有比大部分人還要低的門檻，最大的挑戰就是如何保護自己別受太多訊息干擾。

§

5分鐘思緒整理

在現代的環境，每個人每天起床一睜開眼就會從周遭環境、社群網路，接收到大量的訊息與刺激。因此適時地讓訊息暫停串流，給自己時間與空間來整理這些情報是很重要的。

以下這個小活動能幫助你整理思緒：

- 選個舒服的姿勢坐在椅子上：手邊準備一本筆記本。背部保持挺直，頭、頸、脊椎成一直線。微微搖晃身體，放鬆雙肩，緩解身體的緊繃感。
- 在手錶上定時：設定五、十、十五或二十分鐘。我自己是使用「Insight Timer」（冥想計時器）這個手機應用軟體。它不僅能引導冥想，也可以當作馬表來計時。下載這個免費軟體後，時間到時它會有悅耳的提示聲。

- 閉上雙眼深呼吸：深吐一口氣，你可以在吸氣時將雙手高舉過頭、呼氣時放下雙手來加強輔助。一邊注意呼吸一邊讓它找到自然的節奏。留意呼吸如何帶動身體的律動，專注在手、腳和臉部等肢體末梢上，留心當你聚焦在這些部位時該處的變化。
- 如果你腦中浮現的念頭是較表面的，請放下它並將注意力轉回到呼吸和身體上。但如果浮現的思緒和你必須做的某個決定有關，或是你最近才剛經歷但尚未能消化整理的經驗，那麼請多給它一點時間。讓它繼續延伸。或許，你可以趁此機會完成決定或是因此得到更深的了解。

重要的是，在思緒延伸之間也要記得稍作休息，將注意力轉回身體和呼吸上。如果你使用我推薦的 Insight Timer 來計時，可以設定提醒鈴聲。當你的注意力從呼吸或身體上轉回到剛剛的思緒時，可以更有效地評估這些思緒是否有效或僅是毫無意義的思考。

如果在過程中，某些念頭會不時地浮現或只是原地打轉沒有進展的話，將它寫下來並且想想可以跟誰討論，然後放下它，繼續將注意力轉回到身體和呼吸上。

你會發現這個將注意力放在思緒上並從外審視的方法，並不如想像中的容易。但它是可透過練習而慢慢進步。舉例來說，你可以利用等待的時間練習。這比你查看電子郵件或是滑社群媒體來得好，它能給你擴展點子的機會，幫助你做決定，或只是單純讓你的感官暫時免於刺激的干擾，好好地休息一下。我幾乎每天都會做這練習，並發現它能振奮我的精神。

別追著新聞跑，降低你的「資訊消費」

你是不是覺得應該跟上世界的腳步，而時時刻刻地緊盯著新聞，甚至因此對新聞報導產生過度的依賴，會習慣性地頻頻查看。

新聞媒體總是喜愛報導衝突事件。如果太常收看的話，你很容易獲得錯誤訊息，以為這世界上的暴力遠多於愛。而這樣的觀點不僅會增加壓力、不安感，也會帶來壞心情。

將精力花在對世界上所有的問題表態，對誰都沒好處，因為我們能做的事並不多。但如果你把同樣的時間用來讓自己充電和消化資訊，就能獲得能量和嶄新的一頁。讓原有的平靜因為外在因素而付之一炬，實在太可惜了，例如看到有人受苦的殘酷畫面或許會讓你擔憂和悲傷，甚至還會因為覺得自己沒幫上什麼忙而良心不安。

每個人對於視覺的接收刺激度深淺不一。如果你是那種看過一個畫面就會被影響好幾天的人，我建議你最好擬定限制資訊攝取量的原則。

當我真的必須專注在某件事時，我不會去讀、看、聽任何的新聞。我會請人針對最近發生的新聞事件做份簡報，讓我趁空檔時間快速掃過；再不然，就是上網瀏覽一下新聞標題。但時間點絕不會選在一早我最脆弱的時候，或是晚上睡覺前，因為這些新聞可能會跑進我夢裡，干擾我的睡眠。我習慣在下午時間一次性地接收新聞。

另一方面，其實我很喜歡看完整記錄某個事件的紀錄片，或是聽某些有見地的人討論嚴肅議題。因為，**我發現自己若能針對某事多點了解與知識，有時就能抑制我那不時在腦子裡盤旋的內心小劇場。**

別被手機控制

有時候，手機、電話是很擾人的，例如當你正沉浸於創作時卻來了通電話，而另一頭的人還希望你對某件事表態，或是滿心期待你表現出某種特定情緒——很高興接到這通來電或是答應某個邀請。

許多內向或高敏感的人喜歡把來電鈴聲電話設為靜音。等待手上的事情告一段落，再在稍後的休息時間查看。他們甚至會用電子郵件或是簡訊問對方是為了什麼事，再決定要不要回電。

減少過量的社交活動

內向的人，若可以在工作時避免讓人看到他們的臉，最能達到專心的境界，尤其是沒有人會無預警地忽然出現在眼前，緊盯著他們的臉瞧。因為他們通常會專注到臉都糾結，整個人看起來鬱鬱寡歡的。外向的人看到他們這副愁苦的表情，都會不由得擔心。

我自己是在某個夏日打赤腳出門散步時，體會到這一點。那時，我慢慢地踏著步伐，用心體會所有的感受：煦煦的和風拂過臉頰肌膚，腳下踩著溫熱的柏油路，身邊有鳥語和各種氣味——玫瑰果的味道尤其能振奮我精神。這時候，我也陷入自己的思緒和各式想法中，或是思考等待我解決的問題。但常常會有人攔住我，問我怎麼了，有什麼需要他們幫忙的地方嗎？他們這麼做真的是很貼心，但也讓我困擾。

他們自以為關心的舉動，其實打斷了我的美好時刻與有效率的思路，讓我必須戴上社交的面具，之後更得花上好長的一段時間，才能再回到剛剛那近乎冥想的樂趣中。

§ 善用小物隔絕干擾

如果你在一個他人能輕易看見你的臉、或是某人會突然出現身旁的環境中，也許會需要花費力氣來讓臉部表情保持平靜，以避免嚇到不知情的旁人。如果周圍的人知道不要貿然打擾你，你就能有更多的精力專注在眼前的工作內容上。

耳塞、耳機和深色太陽眼鏡有助於保護你不受干擾。如果你是在開放的辦公空間工作，或許可以自己設個小屏風隔絕干擾。

§ **自我保護的原則**

要不失禮地拒絕社交接觸是很有難度的。但實際上，許多高敏感族和內向人在工作場所或私人領域裡，都逼迫自己接受超出忍受範圍的社交行為。

通常，一般人對於社交往來，大致有如下的潛規則：

- 不能隨意打斷正在說話的人。
- 最快整理好思緒，並且滔滔不絕的人，可以得到主導權。
- 開啟對話並不容易。若對方沉默，可以用「你知道嗎？」然後帶入話題。
- 有人在說話時，不可以自己結束對話。必須等到對方說完，再閒聊一下，才說要離開。

但這些只是不成文的潛規則，在我心裡另有一套適合我們的原則整理在第

62頁，不妨參考看看。

當然，我們不能照字面意義看待這些規則，在現實生活中也不見得行得通。但它們的意義在對那些不成文的規定提出質疑，鼓勵我們挑戰過時的常規，並提醒我們還有其他與人相處的方式。牢記這些原則，它可以為我們開啟新的對話，提供新的接觸方式。

該開口還是閉嘴？

☞ 高敏感族、內向人的禮儀方針

§ 除非有重要的事，否則不得打破沉默。即使有重要的事，也不可在聽者同意前擅自開口。

§ 若你已經連續講一分鐘以上，請停下來休息，深呼吸，想想你說的事是否和對方有關。如果沒人鼓勵你繼續說下去，請閉上嘴，讓其他人有機會說說他們的想法。

§ 不可以打斷沉浸在自己思緒裡的人

§ 如果有人詢問是否可以跟你說話，先給自己時間決定想不想，還有時機對嗎？如果不行，直接搖頭拒絕，不需要道歉或解釋。

可在此下載英文版：www.highlysensitive-hsp.com/speak-silent

文字設計：伊麗絲．桑德，海報設計：courage-design.dk

設計：courage-design.dk

學習在團體中保護自己

有時候，我們總會發現自己陷在一個難以脫身的情境。當我還是個教區牧師時，工作和生活都在同個地方，這其中最大的好處就是工作的地方離我休息的空間很近，我不用花太多時間往返工作場所與住家。大部分教區牧師的工作項目我都很喜歡，唯一讓我困擾的，就是每年夏天結束前都得舉辦的教區旅行——教堂管委會和會眾一起搭巴士去某處聯誼。這件事光想就讓我憂鬱，因為這活動一來就得忙好幾天，也讓我精疲力盡。

身為管委會的一員，對於選擇哪個地點還有點影響力，我會竭力去說服其他人選擇近一點的地方。但我從來沒有成功過，因為會有某些充滿冒險精神的人認為越遠的地方越好玩。而那時，我還不明白為什麼這樣的旅行會讓我如此苦惱，因此無法明確地說出原因。

但現在的我很清楚知道自己為什麼會這麼不舒服。除了我很容易暈車之外，身為牧師，當我和會眾一起出遊時，我很難有時間可以暫時脫隊喘口氣。所幸，我還是可以忍耐，一直等待旅程結束到返家。

§ 面對刺激卻不能離開是痛苦的

我很慶幸自己一年裡只有這麼一段時間會受到挑戰。相信在其他職場上，恐怕有更多深受外向人喜愛，但卻會讓內向人充滿壓力與不安的活動，例如員工旅行、團隊課程等等。

當你受到過度刺激時，還得待在社交場合裡是很不舒服的，還要繼續接收更多的資訊也是令人痛苦的事。如果是一對一的情況，大可直接結束或請對方暫停、休息。但若是在一群似乎興致正好的人群之間，例如聽課聽得津津有味的群眾裡，你總不能直接叫上面講課的人安靜。

二〇〇五年時，我曾在格陵蘭辦過一場座談，當時安排活動的努克圖書館館方人員特別幫我心理建設，他說這裡的人如果覺得講課內容和自己沒關係、無聊，會直接起身走人。事實上，真的是如此，有好些人在我分享結束前就離開了。但我覺得這樣的「文化」很不錯，也很開心知道留下來的人，是因為對我的講課內容有興趣，而不是因為不好意思離開。

§ 找方法善待自己

在丹麥，我們時常因為太客氣、不好意思，而花上比自己意願更長的時間留在座位上。對大部分的人來說，這可能不是什麼大問題；但對於高敏感族或內向人來說，如果他們無法關上耳朵或是想辦法別再聽下去，有時會是異常痛苦的折磨。

我覺得格陵蘭人的習慣很好——如果我覺得留下來的結果不會太好或沒有

意義，那我就會盡可能不著痕跡地溜出去。**明知自己吸收資訊的能力有限，卻還把有限的能力花在既不會愉快、也不適合你的事物上，不是很可惜嗎？**

如果，有某原因讓我想留下來，我就會想辦法來阻隔訊息的接收。我在隨身的包包裡放了一副小得幾乎看不出來的耳機。我會小心地拿出來，把耳機線藏在頭髮或圍巾裡，讓美妙的音樂蓋過正在行進的演說。如此一來，我便可在人群中保有愉快的時光，雖然只是我自己覺得而已。但我也避免了因為起身離開而打擾到他人，把部分的自己留在那裡。

不過，每隔一段時間，我會把音樂調小聲，聽聽講者說了什麼，如果內容還是無法引起我興趣的話，再把音量調大。

無法避免過度刺激，怎麼辦？

但很多時候，我們就是無法隔絕開那些煩人的干擾。相信內向人或高敏感族應該都知道，自己常會因為太多的活動或資訊來襲而過度緊張，以至於要花費很長的一段時間才能恢復成原來的模樣。

或許，你曾因為接收刺激到一定的程度，整個人無法思考，除了呆坐在電視機前、上網或是睡覺，其他什麼事也做不了。但前述這些事對削減刺激一點幫助都沒有，**你需要靜下心來整理強行侵入你腦海的訊息**。但，也不是絕對的安靜，**重點是要找到讓你斷絕與新資訊連接的方法**。

當你接收到過度刺激時，我建議可以試著列一張「消除」清單。存在手機裡，方便隨時查看。而這些紓解方法因人而異。

◎這些事可以消除刺激

- 打掃家裡、削蔬果皮、熨燙衣物、整理花園、除雜草等各式生活中的例行性工作
- 編織
- 烘焙
- 跑步
- 做瑜伽或彼拉提斯
- 跟著音樂擺動身體，讓身體決定自己想做的動作
- 泡澡或泡腳

◎表達自己

- 找個好的傾聽者，分享自己的經驗
- 寫日記
- 可發揮創意的活動：繪畫、自編歌曲等

花半天的時間耗在廚房裡做菜，對我也格外有效。不用刻意煮些沒試過的新菜色，而是一些我慣做的家常菜。我喜歡一邊聽著音樂一邊慢慢地削、切食材，放入鍋中攪拌。當我煮好後，冰箱裡塞滿這些分裝完成的小分量食物——讓我可以在結束忙碌的一天後，快速地取出加熱填飽肚子——的同時，我也整理好腦內的各種思緒，甚至，我已經反覆思量這些事並且做出必要的決定。

但這些刺激也有可能是來自於你自己，因此，請留意盤旋腦中的思緒究竟為何。

第3章

「戰勝」多災多難的內心小劇場

是未雨綢繆？還是杞人憂天？

許多高敏感族或內向者在面對即將發生的事時，會很謹慎地在情緒上或心理上預做準備。如果你已經想像好各種可能的情況，並且擬好因應的A計畫、B計畫，甚至更多，確實會比較有安全感，並減少在發生狀況的當下受到過度刺激。

然而，有些高敏感族或內向者的想像力太過豐富、太過逼真，他們的每個念頭都繞著負面情況打轉，例如「萬一我的國家爆發戰爭了，該怎麼辦？」或「如果真的發生核戰了怎麼辦？」或「如果氣候變得這麼奇怪，導致一些自然災害，該怎麼辦？」「要是我身邊有人生重病，或是出了嚴重車禍，該怎麼辦？」

§鑽牛角尖只會不快樂

偶爾，腦袋裡冒出這些未來可能發生的不幸思緒，並不是什麼問題。因為這些想法可以讓你懂得感恩，慶幸自己到現在還沒碰到這些狀況。但如果你整天都在想像這些意外狀況，隨時都在想說該怎麼辦，可能會給你帶來長期的不安情緒。

萬一這些意外真的不幸發生了，你先前花時間擬定的計畫也不見得有幫助，因為實際的狀況和你的假想肯定不同。因此，當你腦子裡又開始浮現各種小劇場時，我會建議你停止那些念頭，並告訴自己「如果最糟的情況真的發生了，我再來應付它。」也許屆時會有一個很棒的點子產生。說不定，你還可能因此與他人共同並肩應戰，之後變成一輩子的朋友。

自己一頭熱內心小劇場的壞處，就是你只能想像那些情景卻束手無策。但是事情真的發生時，你是真的可以去做些什麼的，而且情況很少會如你所想的那麼壞。

§ 困境也許是個新機會

你也許會覺得因為自己是內向者或高敏感族，所以過得比別人辛苦。但事實可能恰恰相反。維克多．弗蘭克（Viktor Frankl）是維也納的神經暨心理病學教授。因為是猶太人的關係，在奧斯威辛（Auschwitz）集中營待了三年並倖存下來。他相信最能安然度過困境的人，是那些善於從中發掘意義的人，而這也常是內向者與高敏感族最擅長的。所以不要覺得不幸狀況發生時，自己的機會比別人還差。或許，你反而能在困境中發揮創意找到因應之道，發掘人生更深層的意義，並和旁人建立更緊密的關係。

同樣的道理，也能應用在生命的終點上。**意識到自己有天將會離開是件好事，但對死亡與衰老的思考必須要有所限制才會有好處**。如果你總是想著臉上的皺紋越來越多，對異性不再有吸引力，未來還可能面臨一連串的疾病，那麼它會大大影響你能從人生中獲得的幸福感。

勾畫美好的未來遠景

懂得未雨綢繆是件好事，對人生的下半場以及死亡來說，亦是如此。

或許，你已經為了老後的退休生活而努力儲蓄，找了間沒有那麼多階梯要爬的房子，盡可能地生活、飲食養生一點，並且保持良好體態，但請不要讓對疾病與衰老的煩惱充滿你每日的生活。試著勾畫一些正面的遠景作為平衡。

大部分的老年人不太在乎他們在別人眼中是什麼模樣。他們變得更做自己，也更有勇氣去展現真我，既坦誠又獨立。這樣逐漸增加的勇氣提供了一個機會，讓他們與不甚了解的人建立更深入和更有意義的關係。

§想像生，也想像死

想像一下，放掉萬事皆得完美的夢想，生活會變得多麼有趣。逐漸地，加諸在你身上的要求會越來越少。即使在最壞的情況下——當你疾病纏身，虛弱地在醫院或養老院度過餘生時——仍能保有希望。要體驗與他人之間的愛隨時都不嫌晚，有時候當死亡靠得越近時越是容易，因為人們會在這時候卸下自己的面具。

你可以藉由問自己「如果我死了，我希望大家記住我什麼？」或「當我生命結束時，我希望回頭能看到什麼？」來為死亡做好準備。相信這麼做，會讓你清楚該如何安排人生的優先順序。

死亡或死後的事，誰也無法說得準。我們不妨創造一些正向的想法，你甚至可以從一些人的瀕死經驗得到啟發。在一些記載人類曾經死亡數分鐘經驗的文獻裡，多數的案例都提到光明、愛與明晰了悟。

我們沒有理由把死亡想成一個虛無的黑洞。在我眼中，這也是非常缺乏想像力的。如果你因為對死亡的恐懼而把人生籠罩在壓力下，我會建議你發揮想像力和創造力，去為自己想像一些更美好、更美麗的東西。

第4章

「尋找」屬於你的快樂與人生意義

找到對的工作

充沛的能量與快樂幾乎是對等的同一件事，而高敏感和內向型的人有時就是會缺乏能量。突然從天而降的喜事，一開始可能會給人過度刺激或讓人感到疲憊；但長時間下來，這些開心的事所提供的能量會比它消耗的還多。我們幾乎可以說，經歷一件快樂的事可以讓你獲得更多的能量。

快樂有兩種形式：一種是「享受的快樂」，另一種是「滿足的快樂」。例如，享受可以是聆聽一首美妙的音樂、大啖美食、聞嗅舒服的香氣，或和人交換一個吻。滿足則是做些能長時間帶給他人或自己喜樂的事，如完成一件創作、幫人修好電腦，或是傾聽朋友的問題並感到對方鬆一口氣。這些滿足經驗的停留時間通常比前頭的享受經驗來得久。但，你得要有多餘的能量才能體會這些經驗。為自己創造一個能同時享受這兩種快樂的生活是非常重要的。

內向或高敏感的人通常得花上比一般人更多時間來尋找工作。有時候，甚至得做過各種不同的嘗試才能找到最合適的那一個。

我的一名當事人對此深有同感：

我曾做過一份行政工作，大致上來說我對這工作挺滿意的。但辦公室內有兩個很愛講話的同事。我曾試著忍耐，但卻越來越惱火。也試著和他們說我需要安靜才能工作，但他們回答我「我們都得待在這兒。」除了辭職，我想不到還有什麼解決的方法，於是，我便這麼做了。

亨理克，32歲

其他還有因為壓力，或單純的職場氣氛不佳而離職。敏感的人無法忽視讓他們不舒服的事物，有時會訴諸最後手段——走上離職一途。

§ 工作的意義

如果你是內向或高敏感族，工作對於你的人生是否具有意義，尤其重要。

許多高敏感族會選擇照顧他人的工作，因為他們從小就關心如何讓身邊的人過得更舒服。幫助他人減緩痛苦，對他們來說意義非凡；通常，他們貢獻的心力也比自己能忍受的還多。只是，許多從事全職照護工作的高敏感族會承受較高的壓力，但如果是兼職的護理工作，較能滿足於從工作上得到的喜悅。

還有人會選擇較例行性的工作，如倉儲營運人員、清潔維護人員、行政助理、郵務員等等，這些工作最大的好處是不會出現太多的刺激。相反地，他們還可以在工作時處理職場外的刺激，當結束工作回到家時，他們已準備好接收新的刺激。

§ 如果你不執著於物質

內向和高敏感的人也很適合從事自由工作行業，這類工作可以讓他們發揮想像力與創意。他們可以確保工作場所的音量、室溫最適合自己；對於時間的掌握也有絕對的自主權。如果沒有負擔家計的壓力，甚至可以靠著少少的物資簡單過生活。對高敏感或內向的人來說，高品質的生活、崇高的社經地位、擁有豐富物資，並不是那麼重要。接案工作讓他們穩定賺取自己所需的薪資，享受個人時間，將剩餘的時間用在其他事物上。當然，自由工作者在經濟上的不穩定也可能是一種挑戰。

如果你不需要賺大錢，還有許多別的選擇。我在課堂上碰到過一位高敏感的學生，她說她試過許多不同工作都找不到滿意的，便決定以熟齡之姿回到大學念書。對她來說，靠學生補助度日不是問題，反正她個人非常注重環保意識，都穿二手衣。而平靜的校園生活剛好可以讓她深入探索有興趣的課題，對她來說非常合適。

§ 快樂與滿足視你而定

內向和高敏感的人也適合當專案經理。這類工作充滿彈性，他們通常會有自己的辦公室，隨時可以關上門獨自靜一靜。他們可以在工作上充分地發揮創意，加上因為總是關心身邊人也善於傾聽，常常是受眾人喜愛的主管。但是，因為內向或高敏感的人不喜歡在太多人面前發言，所以剛開始可能會很有挑戰性。但只要習慣成自然，克服這個難關後，管理職的工作可以很具滿足感。

手作或戶外的工作也可以是很快樂的。之前，我在為高敏感族講課時，我都會詢問有沒有可以推薦的合適工作，一些從事園藝師、有機農夫和生態導覽員等職業的人都欣然分享。創意性的藝術工作也很受歡迎，許多作家、畫家和音樂家都是內向或高敏感族。

你會在空閒時優先考量的事，應該是有趣的或能帶給你快樂的，也能為你帶來能量。至少它給你好的經驗，讓別人得到快樂，你擁有了滿足與意義。

聚會前，記得先做好準備

一般來說，內向的人和高敏感族並不愛參加大型聚會。雖然有些人還是會出席，但背後可能有許多理由——或許你不想被良心苛責；或許你很喜歡聚會的主角，希望藉由出席讓對方高興；或者，這次的聚會上有你需要維持關係的賓客。

當你缺乏熱忱，卻還是有出席的需要時，下列方式或許會讓你好過些：

§ 坦白實情

準備一些藉口、預想可能發生的情境，讓你可以早點回家但不受良心負疚。接到邀請時，你可以說「我只能待幾個小時……」；如果你有勇氣說實話，不妨直說「在聚會裡待太久我會不舒服，如果時間短點可能比較好。」你也可以問問看主人是否有個房間或合適的地方，讓你在需要休息時使用。

熟悉閒聊的原則以及如何將話題變成更有深度的聯繫，在我的前書《高敏感是種天賦》中都有詳細闡述，它將幫助你如何讓自己更輕鬆。

§ 想好話題

先想好要和誰聊，甚至是該聊什麼。設想好要聊的話題可以給你能量，或許也能想想如何提起這話題的開場白。

如果你想做好更徹底的準備，可以事先傳個訊息給心中的聊天人選「非常期待當天見面可以談談……」或「希望有機會和你討論……，我很想聽聽你的意見。」

通常，外向的人喜歡聚集在一起高談闊論，內向的人則是退在一角，不妨找個地方一對一地對話，或是以小團體的方式討論話題。如果你已知道對方和你一樣喜歡這樣聊天，可以在餐桌上交換眼神，另闢一處分享心得。

§ 你也能主導聚會

你也可以自己安排一場聚會，確保它能百分之百符合你對最佳社交的期望。邀請時直接說清楚開始與結束時間。因為很難預測自己的會客時間可以撐多久，所以最好把結束時間提早一點，而不要太老實地指定某時間。如果覺得結束的時間太早，就說服客人再待一下，這樣總比當場下逐客令好上許多。

還有許多能讓你享受社交的方法，例如安靜地享受餐點，邀請賓客來一場未曾體驗過的心靈飲食課，細嚼慢嚥，全心體會每一口食物的滋味。或是依客人的興趣喜好來安排座位。如果，你希望大家能動一動，而不只是整晚黏在椅子上，你可請客人跳舞、泡泡腳、給自己或其他人做做腳底按摩、玩點小遊戲。可以增加聚會樂趣的點子有很多，不用只是圍著桌子團團坐、大吃大喝。最後整個聚會越來越熱鬧，直到只剩最外向的人還在發表言論。

團體生活、與人相處能為人生帶來許多價值，我們也能以各種不同的方式去享受它。

社交也是有優點的

可能有人會認為內向或高敏的人最適合住在鄉下，因為那裡處處是大自然，一片寧靜，甚至也適合其他的許多人。但是生活在可以和人群接觸的環境裡，還是有好處的，因為社交過少也不全然都是好事。

許多內向的人會因為社交活動得事先安排許多事而覺得麻煩、想放棄。但這應該是因為他們沒有參加慾望，或是想拖到當天看情況再說，或是他們認為自己只是出於禮貌而出席，才懶得跟人打交道。搞不好，還曾經有過因為太無趣，在活動上昏昏欲睡的經驗。

當我孩子還小時，我們一群大人和小孩共二十六個人，曾在一所廢棄學校住了六年，那真的是個大挑戰。對我來說，除了有許多人可以輪流負責採買和烹煮三餐，如此實際的幫助外，可以輕鬆地維持社交關係也是很棒的。我不需要事先計畫，在忽然想和人有點接觸時也能安排些活動。例如，有時我會到公共廚房去做些煎餅，但通常我的食物還沒上桌，一群樓友就已經聚集在廚房。如果沒有人來，那就搖鈴——鈴聲是告訴大家「有事情喔，快過來」的訊號。半小時過後，如果我想要回屋獨處，也不是問題。鄰居們繼續享受悠閒時光，我不在場也無所謂。

當然啦，你不需要為了想和鄰居有接觸就特地搬去社區。即使住在城市裡，只要常和朋友聯繫，也會比自己在鄉下獨居還容易和他人往來。

過度限制是不健康的

身為一個內向型的人或高敏感族，依賴電子郵件或社群媒體的通訊方式來與人溝通有許多優點。你可以在社群媒體上（如臉書）找到和你擁有共同興趣的人或團體，在這裡與人交流經驗，幫助彼此學到更多感興趣的話題。另一個好處，就是你可以順從自己的節奏做事。即使有人問了你某個問題，你也可以離開座位，去喝杯茶，慢慢思考稍後要如何回答。

只要不踏出安全小窩，到可能會過度刺激或惹惱你的環境裡，便能將網路上的接觸限制為簡短的片刻。但要記得，我們很容易受到誘惑而花太多時間在螢幕前。

要走出去與人面對面接觸，有時需要自我振作並踏出舒適圈，雖然它也會有讓人受到挫折或是過度刺激的風險。以我自己為例子，因為喜歡打羽毛球，所以會去參加球隊。在初次參加新球隊的活動時，我會先在心裡預留個底，如果他們播放的音樂太吵鬧或是要我做高難度的暖身運動，我就快速地閃人回家。同樣的方法也可運用在音樂會上。如果音樂太大聲，或有讓我不舒服的聲調、天氣太冷等等，不消太久的時間，我便會躺在自家舒適的椅子上，賴在壁爐前烤火。

當然啦，最後我得到的都是有趣的經驗，我也常在事後感謝自己——打起精神把自己送出門去。

§ 面對面的直接接觸很重要

而那些決定賴在家的時間裡，我總是想用通訊軟體滿足自己需要人陪伴的慾望，只是一整天下來，只靠網路或是電話、手機與外界聯繫，還是令我空虛與受挫。

我相信大部分的人都需要與人相處——面對面、即時，而且最好每天都要。眼神交流和全身肢體語言也是溝通的一部分，它所帶來的滿足感，絕對和網路溝通、電話聯繫不一樣。所以，即使你喜歡待在家裡，但為了自己好，我還是希望你每天都要出去找尋面對面的互動。有時候你的疲憊很可能是因為缺乏這類的刺激。

請記住，**不是要避開刺激，而是尋找適合自己的刺激程度與內容。**

享受外向與內向的優點

和內向的人相處通常很輕鬆。你們可以一起深度討論某個話題，或是不必多話，享受彼此的陪伴就好。一般來說，高敏感或內向的人只會以自己的方式聚在一起，並在事後仍熱烈談論那次的聚會。但長時間下來，也可能會太安靜或是沉悶。由於他們急著討好對方或避免衝突，有時會忘記給予適當的反饋。就這點來看，外向的人顯然較有可取之處。

§ 每種個性都有它的魅力

其實，不同的性格能帶來不同的能量，許多外向型的人都很隨和。或許，你想邀請某位外向朋友已有一段時間了，那麼現在就是時候，而且他或許會不經太多思索便接受你的邀請。

請注意，若你沉默寡言、說話速度緩慢，或是愛坐著想事情、觀察別人就自得其樂的話，很容易讓外向的人沒有安全感。

我常聽外向的人這麼說「你一句話都不說時，我會很不安。」或「我必須知道你在想什麼。」我會滿足這些外向者的需求，和他們在一起時盡量多說一些話，也許是簡短句子如「我不想說太多，但我很高興待在這裡。」或「如果你覺得我在發呆的話，那是因為我沉浸在自己的思緒裡，不是因為你的關係。」或「我不參加聚會，不是因為對你不滿。我其實很佩服你邀請所有人的誠意，我只是需要多點時間安靜。」

確保你的外向朋友不會缺乏安全感。如果他們願意聽的話，你也可以再解釋一下什麼是「高度敏感」與「內向型人格」。**熟悉彼此的性格，可以免掉許多誤解。**

§ 忠於自己最重要

經過一段時間，許多內向、高敏感的人會變得和外向人一樣充滿生氣、精力充沛、喜好交際。如果刻意以不是自己風格的方式來行事的話，相處起來是相當累人的。因此，即使你和不同人格類型的人相處也要忠於自己。你或許喜歡和外向型人格相處時所感受到的爽朗能量，而他們也喜歡你的傾聽。

當越多的人敢勇於不同，並貢獻其所有，人與人之間的聯繫就會越好。如果每個人都想和別人一樣，這世界就會變得無聊又無趣。

當我們勇敢捍衛自己時，彼此的聯繫就會更加活躍。不論你是內向的人或是高敏感族，以符合自己個性的方式行事完全沒有問題。在劃分界線時也是一樣。你不需要強迫自己以外向的方式去面對每一件事。

第5章

用「對」的方式處理衝突、劃定界線

有尊嚴地從爭吵中全身而退

一般來說，內向者和高敏感的人不太會為自己劃界線，也不會輕易讓自己處在衝突之中。有時候，我們會逃避衝突，能拖就拖，等待那個可能永遠不會出現的「對的時刻」。但當我們被卡在各種分歧的意見裡頭時，就會大大耗損我們的精力。

有些時候，我們也會發現自己被捲入權力糾葛中，而那可能是因為我們過度執著於想要追求正義。我們希望一切都是公平、公正的，否則我們就會用嚴厲的態度回應。當然，我們不會大吼大叫或是用力甩門，所謂的「回應」，常是第一時間在心中的反應——心裡湧起一股惱人的焦躁感，和第一章凱根研究中那些「高度反應」的孩子一樣。

這種內心的騷動會干擾我們原本平靜的心靈，甚至會讓我們夜不成眠；它大大影響了我們的集中力，讓我們元氣大傷。所以，對我們來說，**遠離那些非必要的爭吵是非常重要的。**

§ 放棄你認為的「對」

有的人能馬上看出事情的不公平之處，甚至立即做好爭取公道的出擊準備，這當然是件好事；但偶爾放棄你認為的「對」，不要為了它去爭吵，反而能替你省下更多力氣。

某一次，我明明知道自己並沒有遲繳，但卻還是被收了一筆七歐元的逾期罰款，這事讓我大為光火。但事情過後，我認為其實我沒有必要為這一點小錢，或是為這樣無關緊要的事與人爭執不休。一個巴掌拍不響，架也需要兩個人才打得成。或許我可以用寫信的方式，提醒對方注意這個錯誤，但如果我有預感這麼做會把事情搞得很複雜，那我會瀟灑地乾脆作罷。

如果你誠實說出當下的想法，那你就可以帶著尊嚴全身而退。舉例來說：

- 我不同意你的看法，但我不打算跟你戰這個。
- 我不同意你計價的方式，但我不想跟你吵，我已經把錢匯過去了。
- 我覺得你破壞了我們的約定，但我不想再花力氣繼續討論。

退出權力爭鬥並不代表你很軟弱，這其實是明智之舉，同時也是意志力的象徵。人生中還有其他更多值得你投注心思和情感，也更有意義的事情。

話雖如此，我們也不應該忍受所有不公正和不良的行為，有時候，總得有人出來喊停。

該和對方正面衝突嗎？

我們常認為，遇到必須拒絕人或和人劃清界線的情況時，就應該直接面對面地和對方談。但如果你是高敏感族，這種正面衝突可能會令你恐懼與不安，於是一拖再拖，到最後，你根本就不可能真正地劃出界線來。

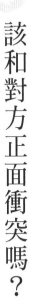

我接觸過的一些高敏感或內向者，例如下面例子中的瑪姬布瑞特，則是另尋他法以應付這種不愉快的場面：

我自己比較習慣用簡訊向對方解釋我的想法和感受，這樣子，我就不用擔心自己會露出那些不該表現出來的情緒，因為我覺得那些感受很幼稚，又過於偏激。傳完簡訊後，我會再找時間跟對方當面談。我也不知道自己這樣處理好不好，不直接面對，而是傳簡訊可能真的有點懦弱吧！

瑪姬布瑞特，46歲

§ 將思緒化為文字

用文字表示，而不是當面講的優點有很多：內向型和高敏感的人在獨處或空閒時，通常都能和內在自我維持強烈的連結，所以他們有時間可以思考該怎麼採取行動。用書寫的方式呈現感覺，能讓他們有系統地回應對方，並且有勇氣全然地忠於自己。我從來就不懂直接去找對方為什麼會比用寫的來得更好。

若是要表達一些比較帶有情緒性的事情，比如說拒絕別人時，我也寧可用寫的；寫完以後，我才能再次靜下心來，才能客觀地看待整個狀況。如果有需要，我甚至也會用眼淚來發洩，或為眼前的狀況尋找正面優點。要在社交場合中處理各種會造成我情緒波動的資訊，對我來說並不是一件容易的事。

不過，用書寫方式來解決事情也有些缺點，最大的風險就是，當人們聽不到語調、看不見臉部表情時，誤解文字意義的可能性就會大增。

§ 文字溝通背後的隱藏危機

透過電話交談，被誤解的可能性相對會比較小，因為說話的語調也能透露些許訊息；儘管如此，面對面直接講才是最不會產生誤會的方法。但如果你的個性非常敏感，那當面發生衝突的刺激，可能會大到讓你無法與自我連結；也因為這樣，你常得在回家，甚至在數天後才能整理出自己到底想要講什麼或該講什麼。當然，你也有可能是當場脫口而出一些話，事後回想起來卻感覺完全不對；然而在反應如此激動的當下，你實在也無法整理出真實的想法，最後只好隨便說些什麼，只為讓自己能盡速逃離當下的情況。

如果對方剛好是外向型的人，那麼以文字來溝通反而會讓他難受，因為他得獨自承受被拒絕，或其他不開心、失望的訊息；如果是這種情形，建議你可以在訊息最末留下一小段話，讓他知道，如果有需要，你也願意使用電話或當面和他溝通。

當你需要劃清界線時，講電話可能會比當面談好。如果對話內容開始令人不快，理智即將斷線，或發現自己快跟內在自我失去連接時，你也比較容易提出暫停、晚點再回電的請求。若是話筒另一方的人真的開始對著你大吼，你也只需要把話筒拿離開耳朵就好。

如果另一半是高敏感族或內向者

或許你已經發現煩躁和憤怒，很容易讓你失去平衡。如果這時最親近你的人能明白，帶有侵略性的攻擊行為會對你產生影響，他們就會願意在你需要時出手相助。這麼做，會讓你更有勇氣面對必要的衝突，並有能力在每個可能出現的衝突中找到出路。

之前，我曾讓丹麥四十五名高敏感族試著回答一份問卷，問卷中提到：當一段關係中出現憤怒情緒時，他們希望對方給予自己什麼樣的回應。出乎我的意料，我得到許多不同的答案，也從這些答案中歸納出一個常見的模式。

我把這些答案彙整成後列的指南，希望可以幫助每一位內向者或高敏感族。雖然我不確定表中所列是否完全適用於你的情況，但你絕對可以把它當作參考，擬出一份專屬於兩人的清單，當你們之間出現爭吵、齟齬時，對方也能知道你希望他應該如何回應。

◎當我生氣時，你可以怎麼做？

- 別對我大吼大叫，因為我會被你嚇到，而且你一直大吼，我也沒有辦法把你的話聽進去。
- 如果你用太過激烈的方式表達意見，或許能讓我原諒你，但我可能因此混亂許多天。你可能覺得應該講清楚說明白，但就算最後我們和好了，這種溝通方式仍會對我造成傷害。
- 請你冷靜地告訴我，你生氣的原因是什麼？希望我怎麼做？我一定會想辦法理解你的狀況，同時也會努力找出雙方都能接受的解決方案。
- 當我生氣時，請給我一點時間冷靜；同時，我也需要暫時離開。你或許能立即釐清問題，但我需要時間才能整理出自己要說什麼。
- 當我告訴你我為何生氣時，請保持冷靜。如果你一直打斷我或是發脾氣，我就會僵住。如果你讓我覺得你根本無心聽，我就無法把話說完；這甚至會打斷我的思緒，也會讓我不想、不能說完該說的話。

- 你需要明白這種情況會讓我覺得很危險，所以我特別需要你的理解。

這份清單並不是要為你和另一半弄出一套「十誡」，而是讓你把它當成一份願望清單，交給對方，讓他可以依此當作基礎點，彼此討論遇到衝突時，該怎麼做才能達到最好的溝通效果。或許，你們還會因此找到新的折衷辦法，知道有情緒產生時可以如何回應彼此。

當然，我也從這次的問卷，發現許多高敏感族會因為擔憂和人起衝突而感到羞愧。

你可以為了衝突而煩惱

許多內向型的人或高敏感族很常被人說，應該要停止憂慮、別想太多。當然，花費力氣去煩惱是很累人的，尤其是很多狀況經常最後才發現根本就「不需要」，之前所有的煩惱只是杞人憂天。

比如說，你可能曾擔心主管會對你用自己的方式做事而不滿意，你為此煩惱了大半夜，甚至整晚都失眠；但如果隔天主管對你的做法是大大讚賞時，你就會後悔自己幹嘛要有這種想法，還整夜窮操心。然而，從另一個角度來想，假設你的預期成真了，主管的確不滿意你的工作表現還大加撻伐，那麼這些事前的擔憂和心理建設，就能讓你在當下不至於過度震驚，不會輕易說出會讓自己後悔的話。因為你事前都想像過這些場景了，所以可以用深思熟慮過後的成熟態度回應主管批評，就長遠來看，這反而有利於你在公司的發展。

§ 先想過才能妥善處理

如果情況是對老闆、伴侶或同事有不滿，那麼預先想像、揣摩可能發生的狀況，反而能幫助你先想清楚自己到底想講什麼，也就能用有次序且安全的方式解決問題。

不過，我需要再次強調，具有高敏感天性的人本來就喜歡事先設想各種可能的狀況，就如同部分生性敏感的動物也會在仔細觀察後才展開行動一樣。即便最後證明這些擔憂都是庸人自擾又何妨，如果你擁有敏感的神經系統，那麼用來關照自己絕對是件聰明事，但我更希望你能多多鼓勵自己、愛自己。

§ 向外求援也是方法

假設你的猜想已經完全過當，甚至讓你整夜無法入眠，儘管這可能只是些很瑣碎的爭執，向外尋求幫助仍不失是個好法子。找個人傾訴，也許你身邊有個很適合傾聽你感受、想法的人；或者你也可以找醫師談談；或是尋求專業心理諮商師、臨床心理師的協助。

只是，要判斷你的憂慮是否過當是很困難的，但我認為在尋求協助這件事上，多做總是好過少做。**明明只要願意，就有人可以出手幫助你，卻還是抱著問題不放，實在是太白費力氣了。**

你也可以事先演練結果

這是好些高敏感族不希望使用的方法，但我想這是因為他們搞混了「演練結果」和「工於心計」之間的差別。我對「工於心計」的解釋，是為了讓自己獲得最大的利益，而企圖在某個狀況或一段關係裡操控他人以占便宜。

然而，一般來說，高敏感族或內向者會事先估算後果，因為他們想要避免情況變得令自己和他人不快。或許在進行一場重要的會議之前，就會先在腦中模擬以下對話：如果他這麼說，我就這麼回答……，然後他可能還會那樣說，那我就可以這樣回答……萬一他覺得受傷，我就強調自己有多麼喜歡他的幽默感，我真的很在乎他……之類的。

在重要談話之前預先準備是件好事，畢竟如果在溝通過程中出現各種情緒，你可能會因此慢下來，有時候甚至完全愣住、無法動彈；如果是這樣，事先準備好對策是有其優點的。

不過，也不是每個人都有能力預測談話會怎麼進行，因為這需要一些同理心和想像力。當然，你想像的對話也可能過於誇張，以至於讓你在臨場溝通時變得不自然。但是整體來說，事先演練結果確實能幫助你避免掉不愉快，甚至是無趣的場景。

說不出個所以然，又如何？

如果某件事情讓你覺得有些不對勁，你也不需要等到自己真正明白原因，或是可以清楚解釋來龍去脈後才出聲。你不見得一定要明白自己的反應，有時候你能夠表達出情緒，卻不了解自己為什麼會這麼覺得。你害怕別人問你「為什麼」，因為你答不上來，連自己的感受都無法解釋清楚，會讓你覺得好像都是自己的責任。

解釋本身其實沒有你想的那麼重要，因為所謂的「解釋」通常是經過編造整理的故事，用來說明我們為什麼會有這種感覺。有時候，不解釋反而比較好呢。所以你不妨說「我也不明白為什麼，但我覺得……」

人類的內在感受其實是個很難被說明的謎團。何不試著對自己和他人的內在保持開放和好奇心，不用什麼都要解釋，只談論真實的感受，這是讓彼此擁有良好溝通關係的好方法。

「不解釋」其實是個更強大、更清楚陳述內在自我的方法。

就以「我愛你」這個表達來做範例好了，假如你還需要特別解釋「因為你很聰明，所以我愛你」，那真是完全破壞了這句話原來的意思。其他還有很多類似的例子，比方說「我覺得不對勁」等等，就算沒有任何解釋也可以。你不一定非得解釋出為什麼，但在此同時你也可以花點時間去覺察自己的情緒。

給自己回應的時間

許多高敏感族和內向型的人對於自己的行為有著高標準，比如說，他們很在意自己能否快速、有禮貌、誠懇地回答別人的問題。然而，這種過快的回應有時卻會導致一些不好的經驗，讓你在事後為自己脫口而出的話感到懊悔不已。例如還沒仔細思量自己的感受，就輕易答應了別人的邀約，而當你回到家後，才發覺自己不想，也沒有多餘的力氣去參加。

還好，除了快速有禮地回應之外，你還能做些別的，諸如給自己多點時間去搜尋內在感受，看看自己是不是真的想回應。反問自己不僅有助於釐清想法，同時也能為自己多爭取一些時間。假如有人問你「這個禮拜天你有什麼打算嗎？」一般的反應不是選擇不說，就是毫不猶豫地如實回答。但其實你還有第三個選擇：再深入一點、仔細一點地檢視這個問題。舉例來說，你可以反問對方「你為什麼想知道？」或者學我女兒，她可能會問對方「你問這要幹嘛？」那麼對方就有可能回答「我想說如果有空，我們可以見個面。」之類的話。這麼一來，你就能夠決定自己想不想要有人作伴。

同樣的方法也可以應用在更私人的問題上，例如有人問「你為什麼不生小孩？」但事實上不管是誰開口提問的，你都不需要回答。反問對方「你為什麼需要知道這些？」是可以被接受的，或是你也可以告訴對方「下次有機會我再跟你說。」

當然，即便你想方設法地想減緩談話的節奏，好讓自己有時間思考，你還是有可能遇到沒辦法好好跟自我感受連結，或無法正確且有系統回應的狀況。

搞砸了嗎？那就再來一次

常有人問我，能否提供一些讓人能夠在情緒波動時快速應對的對策。當然啦，通常只有高敏感或內向型的人，才會在遇到這些負面狀況或感受到壓力時反應變得這麼慢，有時候甚至是整個僵掉。

比如說以下這個狀況：

一年半以前，我叔叔跟我說，我不應該再這麼嚴肅下去，他說我應該要試著去過更快樂、更有趣的生活。他說這話的當下，我完全傻眼，最後只能在不回應的情況下趕快轉移話題。其實，他的話讓我很受傷，之後完全不想靠近他。每次當他朝我這裡看過來時，我的眼睛都會立刻往別的地方看去。我也很氣自己當時竟然一點反應都沒有。

卡琳，32歲

如果你在當下沒辦法說出自己的感受，還是可以在事後回過頭來說些什麼，或許你會得到「你怎麼不早說」的回應，但當時的你可能只是因為太震驚，所以才會在事後找回感覺、想到要講什麼。不管是什麼原因，**你想什麼時候講是你的權力，法律可沒規定有效期限**。

若是有些事持續困擾著你，你也可以在事發兩年後再把想說的話說出來。舉例來說，你可以說「我並不同意你去年聖誕節時說的話，即使現在想起來，我還是很生氣。」或「我很抱歉當時讓你難受，請原諒我。」

不管是正面的話或負面的話，如果某件事持續在你腦海裡盤旋，把它說出來總是件好事。**不論過了幾週、幾個月或幾年，你都可以在自己準備好後重回當下**。

高敏感族和內向型的人尤其需要時間，我們喜歡誠實以對，但同時也希望顧及自己和旁人的感受。我們不擅長在彆扭的關係中壓抑不愉快的感覺，相反地，我們清楚感應到這些負面情緒，也被深深地困擾著。而當我們依照別人的方式做事而遭遇挫折時，也會讓我們產生同樣的反應。

第6章

以你的「內在信念」做決定

假裝跟別人一樣，會讓你付出代價

記得我第一次配了眼鏡後，每每我要出門時，母親總要我記得先照個鏡子，好確定眼鏡上沒有髒污。這件事一直讓我大惑不解，我不明白為什麼外出才需要注意眼鏡有沒有乾淨，在家裡時就不用？

直到多年後，我才明白母親這些言行背後的原因：因為她一直很在意自己（還有我）帶給別人的觀感。鄰居怎麼看待我們，對她來說是個異常重要的評量標準，她人生中的許多決定，都是為了讓自己在別人眼中看起來完美無缺。

每個人都很容易落入同樣的陷阱，要以「看起來最優者」為標準，而不是依照內心的感覺或心中所相信的事物來做決定。

對某些人來說，維持形象這件事甚至重要到讓他們可以犧牲一切。「別人怎麼看待他們」就像一尊神像，讓他們心甘情願地把所有最美好的事物當成祭品奉上。

蓮恩甩了那個深愛她的男人，只因為對方的社經地位不如自己。她覺得要「委屈」自己下嫁給他，真是難堪。她深怕別人覺得是她有問題，不然怎會沒辦法找到一個門當戶對的對象呢？

最糟糕的情況，是我們根據「別人怎麼看」來為人生中的許多事做決定。你選擇穿某些衣服，不是為了讓自己更舒服，也不是因為自己喜歡，而是因為你相信在別人眼中，這是最好、最正確的選擇。

§ 標準在你心裡

有些人甚至會用同樣的標準來求職、選擇休閒娛樂，他們不是根據自己的喜好或是對自己有無意義來決定，而是只想做出他們認為最能讓人肅然起敬的選擇。

或許，你也很熟悉這種情形——因為害怕他人眼光而避開看起來最適合你的選項。可能你明明喜歡獨自旅遊，卻不敢讓人知道，因為你覺得這聽起來有點奇怪，於是，你只好找朋友一起出遊。

確實有些內向型的人喜歡旅遊時有人陪伴；但也有一些人，例如下面這個例子中的卡斯坦，就很享受一個人的旅行。

我很喜歡一個人旅行，獨自旅行讓我能全心全意地享受大自然、教堂建築或是音樂會，不需要分神去聊天或是騰出耳朵聽旅伴在說些什麼。自己一個人旅行時，想在哪裡右轉，什麼時候轉彎都由我決定，我完全可以按照自己的步調。喜歡獨自旅遊，並不是因為沒人想跟我一起，事實上，自從我試過隻身旅行後，就一直喜歡這個方式。

卡斯坦，55歲

雖然內向者並不喜歡偶然的心血來潮或是在最後一秒才改變計畫，但我們還是享受可以自由發揮，決定怎麼度過每一天的機會。

如果你也曾經想過一個人的旅行，卻從沒有勇氣實行，或許，現在是時候體驗看看了。當然，你也可以把這當成練習，**試著讓內心引導自己**，不要總是依照別人覺得適合你的旅遊計畫來安排行程。

在做決定前先探尋一下自己內心，雖然你可能還是會從他人的角度評估，但即便在別人眼中看起來很奇怪，最後你還是能鼓起勇氣做出覺得對的選擇。

§ 不要隱藏自己的感受

有時候為了取悅他人，我們會裝出一些自己根本沒有的感受，例如在送禮者面前打開對方遞來的禮物……。你可能也有過隱藏某些被惹毛的感覺或其他各種負面情緒的經驗，好比當某個不速之客在你正忙的時候出現在家門口。或許，你也曾裝出跟某人聊天很有趣的樣子，事實上根本無聊得要命；也有時候，你會試著掩飾自己已經累得快死的事實，硬是擺出和其他人一樣精神抖擻的模樣。

曾經有一個內向型的客戶向我坦承：

常有人說我的臉很臭。所以，現在只要我身旁有其他人時，我都會逼自己要微笑。

西塞兒，24歲

不開心的時候還能保持微笑，是一項很值得擁有的技能；從另一方面來說，笑容也是釋放出「和你一起我很舒服」的訊息。但如果需要保持微笑超過一定的時間，那可就令人倍感壓力了。所以，最好能傾聽自己真正的內心，如此一來才能替自己表達心裡覺得真實和正確的事。

每次我孫女收到禮物時，都喜歡先把毯子蓋在頭上，躲在裡頭拆禮物。我想應該有很多人也想這麼做吧——把臉蓋住，這樣才不會有一定要表現出「送禮者期望我們會開心」的壓力。

硬逼自己去做那些不符合自己個性的事，不只會損耗精力，之後更會讓我們付出精疲力竭的代價。

為什麼我們無法在當下就表露出真實的感受？為什麼我們不能放鬆臉部肌肉，或乾脆在疲累甚至覺得無聊時就直接把頭別過去？這是因為我們想要避免衝突、爭執或是不想把氣氛弄僵，而且我們也不喜歡讓別人難受。大多數的高敏感族都能清楚地知道眼前正在交談的人的承受度，於是他們會避開那些對方承受能力範圍以外的話題。這麼做，不是因為我們心地善良，而是因為說出事實，或是跟那些要嘛無力承受、要嘛聽不懂的人說真話，都相當令人不快。

§ 慎選夥伴

高敏感族常在不知不覺中遷就他人，但你發現了嗎？你會在看出對方無法承受或無法明白某些事時，立刻關起某部分的自己。對方可能察覺不出你有什麼不對勁，但你已經心事重重；而當你和其他的高敏感族在一起時，你可能就會順勢說出那些你根本不知道自己知道的事情。

如果你很容易受同伴影響，那麼慎選朋友就格外重要了，別花太多時間和那些無法在他們面前自在做自己的人當朋友。相信你非常清楚，要拒絕其他人眼中理所當然的事，實在是件難事。

§為什麼要違背自己的心呢？

我常遇到只因為累就一再拒絕社交活動，但事後又愧疚萬分的客戶，他們總這麼問自己「我為什麼沒辦法開開心心地答應，然後像其他人一樣好好享受呢？」這時候，我會反問他們我覺得更切中核心的問題「你為什麼想出席一個自己壓根兒不想參加的活動呢？」

被問到的人往往會有各種理由。比如說，為了想讓邀請的人開心；有時候只是因為過意不去。如果是這樣，我就會建議他們寧可花時間處理這個感受，而不要把寶貴時間用在那些吸乾他們精力的人身上。

如果你是內向型或是高敏感的人，你可能會根據旁人認為你該做什麼、應該要有什麼樣子，來決定自己的行為，但這大大違背了自我天性。

你有機會真正獲得自由，用自己的方式做自己。首先，你要能自然地將焦點內聚，讓你在做重要決定時有所依循；其次，維持和自我的連結對身心健康很有幫助；最後，因為你可能很享受獨處，所以，並不那麼需要他人陪伴。

§ 找到做自己的路

如果你身邊的人不喜歡你用自己的方式做事，或甚至以此為理由拒絕你，你也能活得好好的，朋友少一點說不定還讓你更快樂呢，而且你還能因此擁有更多獨處的時間。**獨處並不會讓我們覺得孤單**。當我們忽視自己，不相信自己的想法和價值觀，反受他人的意見左右時，才會讓這個最糟糕的感受——孤單感浮出水面。

對於內向型或是高敏感的人來說，和自身以及自我價值和平共處是件非常重要的事。選擇跟隨別人而不是依自己的路走，會帶給我們極大的不適感，但我們又特別不擅長處理這種不舒服。也因為這樣，我們更不能違背自己的心，更應該找到做自己的路。

別被歉疚感牽著鼻子走

並不是每個人都會有歉疚感，比如精神病患就不會有這種感受。歉疚感會讓我們產生歉意，假設我們忘了某人的生日、約會遲到，甚至是壓根兒就忘記和人有約會等等，在這些情況中出現愧疚感是很正常的，事實上只要一個道歉或提出彌補之道就能讓事情煙消雲散。

歉疚感源自你認為自己做了別人或自己認為的錯事，但這件事不見得真的是錯的。下面就是我的親身經歷：

結帳時，有一個長得像外國人的男子排在我前面，他少了五歐元。我想替他付這筆錢，又覺得怪怪的，當下我沒有心情開口問他需不需要幫忙。但在這之後，我卻覺得很愧疚，因為即便我確實有想幫他的念頭，最後我並沒有按照心中的想法行動。

在這個情況中，歉疚感是符合整個情境的；因為它提醒我自己在這方面還有可以更進步的地方。然而，以下的例子裡就出現了過度的歉疚感。

蘇珊請了病假，她被告知未來一週最重要的事，就是好好休養身體。但是，她的家人向來習慣由她來處理各種事物，他們無法理解，為什麼她明明就休假在家，卻連照顧孩子或幫忙買個東西的力氣都沒有。當蘇珊表示自己無法幫忙時，他們就勃然大怒，講沒幾句話就走，連客套話都省了。家人被拒絕後的反應，還有自己的各種思緒，都讓蘇珊內疚。但她還是希望家人不要因此生氣或說三道四，免得別人聽了以為她就是這麼個只關心自己的自私傢伙。

但她也知道，就長遠來看，對自己無力負擔的事直接說「不」是最好的，這樣做也可以讓她擺脫壓力，專心調養身體。以後真的有需要時，她才能快快樂樂地伸出援手。但是，心裡的愧疚感和擔憂讓她無法平靜下來，最後連在家也無法好好休息，還是出門去採買物品。

在上面這個例子中，蘇珊被自己的歉疚感控制，她的休養原本是個讓家人學習為自己負起責任的好機會，只是因為心中的歉疚感，最後她還是去做了那些給自己壓力、負擔，而且就長遠來看對誰都沒有幫助的事。

某些高敏感族或內向型的人很容易產生這種過當的內疚感。如果他們沒辦法當個完美的兒子、女兒、母親、父親，他們就不讓自己好過。

歉疚感有時候和「對別人的憤怒感到焦慮」是同一件事；道歉通常意味著想藉此躲避懲罰，其中隱含的意思是「別因為我讓你不開心而懲罰我」。**你得留意自己的歉疚感是否只是因為怕別人對你有不好的觀感。**

§ 臆測別人的想法只會累壞自己

如果你無法面對他人的負面情緒和自己的歉疚感，那你很可能願意去做任何事，只求別人不要討厭你。有時候，你會戴上挑錯的眼鏡，對自己一丁點的不完美吹毛求疵，希望能在別人發現以前趕快修正；也或許，你想盡辦法去符合你認為旁人對你的期待，你希望用這些方法來讓自己逃離歉疚感帶來的不舒服。然而，與你所想的相反，到最後這反而成了惡性循環，讓你過度在意他人看法，以至於疲乏不堪，到頭來甚至讓你無力給予；但如果你能夠輕鬆以對，其實反而還能付出更多。

問題不在於歉疚感，在於你為了擺脫這種感覺而去做的那些事。如果你老是小心翼翼地想滿足他人期待，你不只會累壞自己，而且還會讓你忘記自己是一個怎樣的人，和你真正想要什麼東西。

也有可能，你和下面例子裡的克勞斯一樣：

有時候，我會特意空出一整天時間給自己，然後引頸期盼那天的到來。我會計畫好要外出去散步，或是待在家裡，聽聽喜歡的音樂。只是，有時候我會接到女兒的電話，要我去幫她買東西。我整個人打從心底想大喊「不要」，但最後我還是答應了，因為拒絕她會讓我覺得很內疚。

克勞斯，58歲

如果某件事對你來說很有意義，你願意為此違背自己的意願、需求；或是為了取悅他人，而將對方的需求擺在自己的需要之前，這不是不行。但如果你是因為想逃避歉疚感而忽視自己的需求，到頭來可能搞出一個讓你越來越無法誠實面對自己的糟糕情況，最後，它會完全拖垮你。不只這樣，你還給別人一再跨越界線的機會。

§不要逃避，讓它們變成習慣

對付歉疚感的方法和對付焦慮一樣。在針對焦慮的認知性治療上，我們會試著讓客戶暴露在那些讓他們害怕的事物中，這種治療方針稱作「暴露療法」。使用這種方法治療焦慮症，讓你不再試圖逃避那些害怕的事物，相反地，你要讓自己多接觸它們，直到你漸漸習慣為止。

同樣的方法也可以用來消除歉疚感。以克勞斯的例子來說，他不該取消原定計畫，而是應該告訴女兒他今天幫不上忙，因為已經和人（自己）有約了。雖然克勞斯可能還是會覺得愧疚，也可能因為擔心女兒的想法而毀了這一天；但假如他演練過該怎麼對付歉疚感，並且讓周圍的人了解他也有自己的需求，他的需求也很重要的話，情況會如何呢？

假如他可以清楚地畫出界線並堅持守住，是否會更增進他的自我價值？這麼一來，下次他想拒絕時就會更容易地說出「不」了。

如果你不再急著道歉，或是急著滿足其他人的期待；而是決定先遵循自己的原則，一開始別人可能會對你失望，你可能也會因此產生歉疚感。但這時你應該這麼對自己說「**或許現在我會覺得抱歉，但歉疚感一點用處都沒有。我會慢慢習慣這種感覺，之後我就可以先做那些我想做的事，而不是先忙著滿足別人的期待。**」

跟隨你的原則

做決定最重要的一件事，是幫助自己依循原則行事。這些原則包括了什麼是真實、什麼是愛、社會道德觀、環境保護、對愛情忠貞、自由等等。

找到，同時活出自己的原則，並且知道自己想過什麼樣的生活，是非常重要的事。你可能想要成為一個更有愛心、更樂善好施的人；或是，你認為讓自己更勇於展現真實的自我很重要，不要去操控他人、偽裝自己；或許，你也對運動、繪畫、音樂充滿興趣，想要有更多時間沉浸在自己的興趣嗜好裡；也或許，沒有什麼事比得上你孩子的健康了。

和其他人聊聊自己的原則，確認它們是實際可行的。假設你的目標是當個人見人愛的人，那你會發現自己一下子就陷入困境。比較合理的想法，是讓百分之八十的人喜歡你，而其餘百分之二十的人不喜歡你也無所謂。

§列出原則清單

你可以試著把自己的原則寫下來，甚至將它們按照重要性一一排序。當你依照心中原則做選擇卻發現他人對你失望時，把這張單子拿出來從頭再看一次，這麼做可以增強你的信心，讓你更堅定地忠於真實和自我。

例如你為了協助紅十字會募款而婉拒出席某場社交活動，你或許會擔心之後別人會怎麼看待你的決定；但這時候就很適合把原則清單拿出來看看，再次提醒自己為那些最需要的人伸出援手有多麼重要。

從下面的例子，我們可以看出依重要性排列原則清單的好處：

凱倫的原則：

- 當孩子需要我的時候一定要陪伴他
- 雕刻創作

* 多陪伴父母、兄弟姊妹
* 把工作做好
* 當個正直、誠實、值得信賴的人

凱倫的姊姊邀她參加鎮上的園遊會，但她卻拿不定主意，她一方面想讓姊姊開心，因為她知道姊姊喜歡有她作伴；但另一方面，她又不太想去。在重新審視自己的原則清單後，做決定變得不再困難。

她婉拒了姊姊的邀約，把那一天留給自己做最愛的雕刻。雕刻總是能讓她的身心平靜，更別說她還有時間可以陪伴孩子。姊姊對她的拒絕有些難過，這也讓凱倫心生歉意。但最後她還是堅持自己的決定。

為自己站穩立場，做自己想做的、喜歡做的，而不是別人期待你做的事，最後會為你的生命帶來極為豐富的滿足感。

展現你的不同之處

多數的高敏感族和內向人在回答問題時，只會表達同意──「對啊，我知道」「我也這麼覺得」。另一方面，我們也經常言不由衷，有時候根本就沒搞清楚對方的話或是不同意對方所說。這種假裝同意、相信的「合群」態度，反而成為我們不採取行動的藉口。我們傾盡全力避免自己和別人不同，深怕因為異於常人、特立獨行，而讓別人不想和我們相處，這種感受帶來的焦慮，也讓我們避之唯恐不及。

但別忘了就是因為這些差異之處，才會讓每個人都不一樣、各自獨特。**你越能輕鬆自在地流露獨特本色，就越有機會經歷到當你忠於自我，別人也全然接收、接納你時的深刻滿足感。**

當你的感受、想法，以及想要的事物都和旁人不同時，越要勇敢展露自我，那麼，和對方之間的關係就能變得更緊密、更具啟發性，也更有趣。

§「異見」表達練習

明白表示自己其實並不同意他人的意見，可能會讓你覺得不自在，即便有些不舒服，你也能試著從小地方開始做起。以下就是個簡單的嘗試，當然你也可以去尋找更多的練習機會：

- 找個人，詢問對方最喜歡什麼顏色。
- 告訴對方，你們對顏色的喜好不一樣，可能他喜歡紫色，而你喜歡藍色等等。

你越常練習表達不同觀點，就越能自在地表達己見。最後到了某一天，你就有能力在更大、更重要的議題上表達自己的不同見解，比如說，告訴母親或某個重要人士，他對你的某個看法和你看待自己的樣子並不相合。甚至，你還可以更進一步解釋，他的觀點和你自己的經驗有什麼差別。當你這麼做，沒準兒你就能體會到那股自在展露自己的深刻感受。

我過往的大半人生總是在追求「對」這件事，好讓我不用擔心自己很奇怪或是被別人批評。我一直覺得自己的某些個性會讓人想和我保持距離，所以我總會想要把這些事隱藏起來。然而，當我開始敢於展露自我時，和別人互動變得更容易，也更有趣了。

漢娜，40歲

為自己挺身而出，其實和為自己每天的生活需求站出來是一樣的意思。

用有尊嚴的態度表達需求

我們在表達需求時，會使用「需要」和「想要」兩種不同的詞彙，雖然只有一字之差，意思卻相當不同。「需要」這兩個字會給對方比較多的壓力，因為「需要」的意思其實近似於「沒有它不行」。

舉例來說，你想要某人親你一下，但你並不想給他壓力，更不想強迫他，那麼你就不能用「需要」，而該用「我想要你親我一下」這個說法。

再看看另一個例子：有個人在你座位附近講電話，他說話的聲音讓你無法專心工作，於是你決定找主管談談這個問題，這時候，你該說「我『需要』多一點空間」？還是「我『想要』多一點空間」呢？

這就得視你的勇氣，還有你主管有多通情達理而定了。如果你使用「我需要」，表示這件事你一點責任都沒有，因為是「需要」所以由不得你來決定，如果你真的沒有辦法在有噪音干擾的環境下工作，也不是你的錯。所以，使用「需要」被拒絕的機率，可能會比用「想要」來得小一些。

儘管如此，使用「我想要」會讓你看起來更大器，因為「我想要」這個措詞，同時也傳達出你不是被自己需求限制的受害者，而是一個明白自己想要什麼的人。所以，在上述情況中，如果你真的無法忍受噪音的干擾，那麼你就要確定主管有得到「這件事對你很重要」的訊息。

根據經驗法則，**當你處在一個得努力爭取才會被看見的狀況中，或對方沒有很想提供你所需事物時，最適合用「需要」兩字來向對方施加壓力。**而另一方面，**如果你和對方之間是處在互愛、真誠的關係時，就可以使用「想要」**，這個容許對方答應或拒絕你的措詞。

§ 實話與善意的謊言

一些內向型或高敏感的人很抗拒要表達和多數人不同的需求，他們覺得得為自己與眾不同的需要做出解釋，或感到抱歉。比方說，他們可能會想去解釋自己是個內向型人格或高敏感族，所以才……，這樣做並不是不好，但請留意，如果你只是想表達想要什麼或不想要什麼的話，不需要抱歉，也不用多加解釋，這樣你反而能獲得更多尊重。讓我舉兩個例子來說明這個概念：

- 好開心你想到要邀請我，但是真的很不巧，我沒辦法參加你的歡迎茶會，因為我是高敏感型人格，所以……
- 我對歡迎茶會真的沒什麼興趣呢，真抱歉這次我得說「不」了，但真的很開心你想到要邀請我！

第一個例子裡，我們以人格特質作為拒絕對方的理由；在某些情況中，這或許是個不錯的解套方法。但我個人認為，像第二個例子直接說出想要或不想要，反而更能顯現你的氣度，同時表達出你對自我特質的尊重。

有時候，你也可能會用「善意的謊言」一筆帶過：

我最近剛搬家和男友一起住。因為這裡是鄉下，用「無法負荷」當作藉口感覺很奇怪，所以每次當我想提早離開聚會時，我都會推說我胃痛。

艾琳，58歲

艾琳其實可以解釋一下內向型的人是怎麼回事，如此一來她就有正當的理由可以提前離席。當然，她也可以直接說自己累了想回家，只是這可能會讓聚會上的其他人揣測她的心情，是不是不喜歡這聚會。所以說，有時候善意的謊言會讓事情簡單許多。

第7章

為自己尋找「安身」之處

每人都需要隨著時間改變

可能有人曾經這麼建議你，要你理解事物的速度反應快一點、再隨興一點、合群一點；搞不好，他們還會旁敲側擊地告訴你，外向一點的表現會比你按照本性來做事更好。

也因為這樣，當你發現自己原來是高敏感族時，你會有種被看見的喜悅，這種感覺會讓你漸漸找到為自己挺身而出的勇氣，於是，你能夠心安理得地做自己。同時，你也會發現原來有人和你是一樣的，就像是在一團混亂中找到棲身之處。對你來說，這不僅能讓你更自在，同時也保護自己不至於被旁人建議你該如何做的「善意」與「壓力」步步進逼。

矛盾的是，這種安心感反而會帶給我們能量，讓我們能檢視自己是否可以面對、處理某些挑戰。當其他人不再挑戰我們時，我們反而會想要挑戰自己，就像下面例子中的瑪莉亞一樣：

多年以來，我的家人和伴侶一直試著要我樂觀點。但這對我來說完全沒道理，而且他們這種希望我改變的態度，更是惹毛我。當我發現自己是內向型人格時，很多事情都解釋通了。我請他們去看內向者的特質，他們同意我就是這樣的人，終於他們比較能夠理解我了，而我原有的悲觀念頭也就此消失。

我對自己有了全新的認識「我就是我，我不需要改變」，但在兩年後，我突然有個念頭——我想知道自己還有什麼地方可以改變。我希望自己可以更融入公司同事之間。我不知怎的大受鼓舞，我想改變自己，甚至還去嘗試另類療法、心理治療等等。我不知道是哪個發揮了作用，但現在的我比之前更能和同事相處了。

瑪莉亞，38歲

沒有人會因為別人覺得這樣很好而想要改變或成長。改變是件大事，更會讓人產生焦慮感。如果我改變自己的話，我會變成什麼？如果我想改變或動手做某些事，不只需要很高的積極度，還需要儲備更多的精力。

將自己歸類為某種特定的人格類型，正好可以為我們提供所需的能量。你可以在某段時間裡休整，好好接納自己，坦然接受現在的狀況；到了另一段時間再著手幫助自我成長。

了解自己的人格特質，可以幫助你獲得平靜，但別讓它成為你維持現狀、停滯不前的藉口。

每進入一個年紀或不同的生活景況，都是面對新機會和挑戰的時刻，你得不斷地與自我連結，並且學著用新方法處理舊掙扎。如果每次遇到問題，你都想著「我會遇到這個困難，都是因為我是內向型／高敏感的人，我別無選擇，只能接受」，那你很可能因此錯失讓自己成長的機會。

世界上沒有哪件事是靜止不動的。我們會隨著年歲成長，在人生某個階段遇到的某些問題，可能在下一個階段就獲得完美解決。

你可以如何應對？

評估哪些事情可以改變，哪些事情你只能接受它是人生的一部分，並不是件容易的事。我很喜歡這段出處不詳，但卻充滿智慧的話：

上帝，求祢賜我寧靜的心去接受我不能改變的事；
賜我勇氣，去改變我能改變的事；
並賜我智慧，能分辨這兩者的不同。①

① 這段禱詞即是「寧靜祈禱文」，一般認為是出自美國神學家尼布爾（Reinhold Niebuhr，1892～1971）之手，後來被匿名戒酒會和治療各項成癮症狀的十二步項目（12 Step Program）廣泛採用。

如果你正在為尋求心理治療就可解決的問題而掙扎不已，與此同時，卻又不願意去尋求合適的協助，那真的是很可惜。

在身為心理治療師的執業期間，我發現有些客戶會擔心自己的問題不足掛齒，小到不值得占用我的時間；但我卻常常覺得怎麼沒有早個十年來找我呢？許多人都帶著痛苦的祕密、沉重不堪的自我形象走了好久，才終於發現原來有人可以幫助他。

§ 別讓悲觀綁架你

大部分的高敏感族和內向型的人都對自己很悲觀；這種人格類型比較容易用批判的眼光看待自己，因為我們常喜歡搶在別人前頭覺察自己的不足之處。但如果你每天的情緒都受負面思想影響，或者是這種疲乏、悲傷的情緒已經持續了好一陣子，那你很可能正在遭受憂鬱症之苦。

如果你因為害怕他人對自己有負面觀感，而感受到與人交際時處處受限；擔心自己出洋相而焦慮不已，以至於夜裡有大半時間無法入睡；也或者，你很容易因為犯了小錯、稍微冒犯到他人而苛責自己，那你可能已經有某種程度的社交焦慮症。不管如何，心理治療對憂鬱症或社交焦慮症都相當有幫助。

你也可能無法好好維持讓自己滿意的人際關係，或許是因為你還有一些未被處理的悲痛或創傷，它們拖住你，甚至比你所能記得的還要沉重。

也或許，你非常害怕別人生氣，那麼，你需要留心自己是否已罹患了創傷後壓力症候群。如果你根本不知道曾經發生過什麼事，去問問父母自己是否曾在年幼時遭受過暴力對待。這種暴力不見得真的會造成性命威脅，卻可能帶給你這種感受，僅只如此，就足以形成嚴重的創傷。或許你從小一路被父母打到大，也或許，你的兄弟姊妹有暴力傾向，也可能你曾在學校受過讓你覺得性命被威脅的經驗。

如果過去所經歷的那些事，讓你光想都覺得難以承受，那麼和人聊聊或許會是個好方法。假如你也不是很確定，那就試著先跟別人描述當時的情景，就算邊說邊掉淚，也沒關係；然而，假若你在敘述時難受到無法繼續下去，情緒也一發不可收拾，或許就還有一些需要更仔細檢視的細節。

§ 童年養成現在的你

我們都寧可說自己的童年時光很美好，父母都有克盡親職。可能需要經過很長一段時間後，才能夠坦然承認一直存在的焦慮，或是自己的父母其實失職了。也因為這樣，很多人始終相信自己有個全然美好的童年，然而事實上，他們卻不敢直搗黃龍，去細查先前的假設是否能在嚴密檢視下站得住腳。

我一直告訴自己，我的童年生活十分美好。但是我現在回頭看，終於明瞭一件事——原來我的家人根本就瞧不起那些擁有不幸童年的人。我父親總說阿姨是神經病，只因為她的童年過得並不好。我以前也很慶幸自己跟她不一樣。

但是，成年後的我，卻必須承認自己幼年時也發生過某些事，它們使我變成一個偶爾不那麼好相處、反應過度的人。

於是，當我現在以自己的眼光，而不是用父親的眼光回頭去看我的阿姨時，我就明白她並非是個只會在某些場合上做出不合宜舉動或緊張兮兮的人，在其他時候，她其實非常有深度、有頭腦，甚至很多人都比不上她。為了尋找人類之所以存在的意義，她做了許多深入的研究，這讓她更能明白他人的苦痛，並且更容易去傾聽和理解。直到今天，我終於能夠說出來了，其實我和她是一樣的。

英格，61歲

仔細檢視過去的人生，找出關於自己和父母的新事實，可以是件充滿樂趣的事，也可以是一段走出焦慮、悲傷的旅程，更能賜予你改善人生的全新角度和見解。

如果你的童年時期缺乏支持的力量，長大後的你仍然可以學習支持、肯定自己。練習如何愛自己，你就能打破這個惡性循環。如果你的父母無法成為你堅強的後盾，或許是因為他們也不曾從父母那裡得到，如此一層層往上推，這樣的失職可以一路回溯至好幾個世代；但是，只要有一個打死不退的人，就能停止這種「遺傳」，如果你這麼做，就能把正面影響往下傳遞給在你之後的數個世代。

勇敢尋求外援

有些人即使受到極度嚴重的問題所累，還是不願意接受別人的幫助——因為他們害怕心理治療師會想試著改變他們。有時候，治療師的確會想讓內向或敏感的人改變——要求他們再自在一點、外向一點；如果你遇到這樣的情況，另請高明就好。每個心理師和心理治療師都有他們各自的專長與優缺點，別因為遇到一個幫不了你的，就拒絕所有的專業協助。

在我懂得求援之前，人生一直過得很辛苦。我曾經夢過這個畫面：一個蒙著頭的人，在一片黑暗風雨中掙扎地前進。有好一段時間，我的人生看起來就像這樣。但是現在，我比以前更知道向外尋求協助和支持了。

艾妮特，48歲

第8章

這才是「真正」的你

伊麗絲．桑德的14個自我肯定咒語

1 你是合群的，只是不太愛社交

某些敏感或內向的人會用「不合群」來形容自己，但我覺得他們並沒有搞清楚「合群」和「社交」之間的差別。

「社交」，顧名思義就是喜歡與人交往、有人為伴；「合群」，則是為團體、他人和自己的福祉著想。

外向型比內向型的人更喜歡與人為伴，這兩者基本上都稱得上是合群。內向型的人或許對別人的事不感興趣，但外向型的人也很容易一頭熱，忘記為其他人留點說話的空間；這兩種情況其實也都是欠缺合群特質的表現。

艾融博士認為，高敏感族的思考方式其實是很符合群體性的。他們常自問「如果其他人跟我做一樣的事，那他們給人的感覺會是什麼樣呢？」當然，他們希望這個問題的答案會是：果真如此的話，這世界一定會是個很棒的地方。

你可以是合群但不喜愛社交的人。舉例來說，你為了保留參加隔天家族聚會的精力，因而婉拒出席一場派對，這正是個非常合群的決定。

2 你會自我反省，而不是只顧自己

高敏感和內向型的人有時候會被認為只顧自己，因為他們思考的事情常和自身有關。但是事實上，他們是在思量、反省自己該說些什麼；而如果旁邊的人看起來不太開心，他們就會檢視自己「這樣尷尬的狀況是我造成的嗎？我能夠做些什麼讓大家覺得好過些？」

如果每個人都能用同樣的態度自我檢視，那這世界一定會減少許多戰爭和衝突。

3 你只是比較怕痛，而不是無病呻吟

許多高敏感族常被指責太愛無病呻吟，別人總是要他們振作一點。但若是你對疼痛的承受度本來就比較低，又因為神經系統較為敏感，對冷熱變化特別敏銳，那你也實在沒辦法假裝出萬事皆好的樣子，更不用說讓自己振作一點了。

4 你只是特別敏感，而不是過度敏感

許多高敏感族常被說成「過度敏感」，彷彿敏感特質真的有「過度」這件事。我們確實敏感，但絕對不是過度。每個人天生都具有不同程度的敏感特質，也有可能隨著生活經驗而變得更加敏感。任何人都不會有極端偏頗的人格特質，每個人都有每個人的樣子，而這正是最好的狀態。

5 你只是在充電，而不是偷懶

一些精力旺盛的人常認為我們很偷懶，因為我們總是慢慢地行動，做少少的事。然而，那可能是因為我們正在省電模式中，或只是剛好正在充電狀態而已。

6 你只是與眾不同，而不是不對

所謂內向型或高敏感的人，只是一群運作方式和多數人不同的人而已。與人不同有時候可以是一種優勢，我自己就對這點處之泰然。如果我很「正常」，那可能就不會有太多人想讀我寫的書了。

7 你只是不喜歡爭執，不是無法表達憤怒

一些高敏感或內向型的人常被人說，要學習適度地表達憤怒。但是，我們之所以甚少與人起衝突，並不是因為我們沒辦法感覺憤怒，或沒有能力表達不滿；而是因為我們比較喜歡用對話、協商的方式解決衝突，有時候我們也選擇保持彈性，因為我們對爭吵不感興趣，寧可把這些力氣花在別的事情上。

8

你，強大又纖細

有些人覺得我們很容易受傷，但我並不會討厭被人用「纖細」來形容，這個字眼總讓我想到絲綢和蝴蝶。不過，倒是有很多人愛把「纖細」和「脆弱」劃上等號。如果你也是這麼想，那麼你應該不會想用這個詞來形容自己。基本上，我們每個人的心裡都有各自堅定不移的道德觀，或一些根深蒂固的想法、獨到的點子。

9 你是面面俱到，而不是無趣

有些人認為我們很無聊，因為在某些情況下，我們總是沉默少話。但這並不是因為我們毫無想法或是腦袋空空，我們只是單純不想去爭著表達意見。不只這樣，我們非常在意且注意自己的想法和說出口的話，是否對自己、他人或整個團體有幫助。我們絕不為了說而說，當無法確定自己想說的話是否對別人也同等重要時，我們寧可閉上嘴巴。

10

你只是精力有限，而非自命不凡

有時候當我們避免與人接觸時，會被視為自命不凡或不可一世。事實上，我們只是接收到太多刺激，或正忙著思考某些事。也因為這樣，我們不想被社交活動打亂生活。

因為能用於社交的精力有限，所以我們必須安排事情的優先順序。我們需要時間充電、做些有趣的事、多多親近大自然等，才能讓自己再次充滿活力。

11 你有另一種勇氣，而非懦夫

懦夫的相反是英雄。當我們說到英雄的時候，大家應該會自動聯想到滿身肌肉、身強力壯的男人，英勇、奮不顧身地在重重危機中拯救某人。但對我來說，英雄的另一種面貌，可以是雖然睡眠不足，沒有個人時間，但仍努力當個好爸爸、好媽媽的你；或願意承認自己的缺失，在需要認錯時勇於道歉的你。勇氣是勇於承認自己的不足，坦然接受自己的優缺點。

12 你是專注於自我，而非以自我為中心

對內向型和高敏感的人來說，和深層自我——也就是榮格所說的「本我」，維持緊密聯繫是很重要的事。本我，是我們能感受到神靈、守護天使、聖靈，或任何你想用來稱呼靈性層面的名詞；對許多內向、敏感的人來說，和靈性世界維持聯繫是人生中最重要的一環。當和深層的自我連結時，我們才能和自己面對面，檢視、釐清自己是否走在對的道路上。

13

你在乎他人的身心，不只關心他們的經歷

內向型的人和只關心自己有興趣的事的自戀型人完全不同。許多內向型或高敏感的人都有著健全的道德意識和價值觀，這使得我們特別會想去關切他人的需要。但我們通常對其他人做了什麼事，或有什麼偉大成就不太感興趣；反倒是對於對方過得如何更有興趣。

14 你是認真對待事物，而非過於執著

許多敏感型或內向型的人常被人說，不要再這麼認真了！

我確實就是對人或事都認真看待的人。然而，我花了很多年的時間才學習到，當人家問我「你好嗎」的時候，並不見得真的想要聽到我冗長、詳細的回答；同樣地，過往當我收到信件，看到信上寫著「祝安好」時，我都會真心相信對方是真的在為我擔心，因此覺得自己有責任得告訴他們我的近況，好

讓他們可以安心。但現在的我已經知道，大多數時候，你只需要回答「我很好，謝謝」和「希望你也都好」就可以了。儘管如此，我還是會多花兩秒鐘想想，對方是不是內向型的人或高敏感族，如果是，那他可能真的很認真地關心我，同時也期待能得到我「非官方」且真誠的回應。

不只這樣，我發現另一個我會認真看待對方說的話的狀況：假設有人經過我身邊，脫口一句「房間好冷」，只要聽到有人這麼說，我會立刻起身環視整個房間，看看有沒有哪扇窗子沒關上，或是該不該打開暖爐，甚至還會想是不是要脫下毛衣給他。但後來我發現，那人可能只是單純想找點話說，或把「好冷」當成開場，藉此加入其他人的對話。

高敏感族和內向型的人若能輕鬆地看待事物，就能更享受生活。但換個角度想，如果每個人都以這樣認真的態度看待世上所有問題，是不是就能免掉更多意外的發生，減少更多的經濟危機或自然災害呢？

後記

以自己的方式找到立足之地

過去這二十年來，人們對於了解各種不同人格特質、類型的課題越來越感興趣，尤其是找出自己屬於哪種類型的人。

高敏感族和內向型的人開始在社群網絡，甚至是真實世界中被看見、聚集。現今的世界認為喜愛與人交際的外向特質，比起深沉思考或自在獨處等內向特質更具價值。而在由高敏感和內向型人組成的群體中，他們不但可以更認識自己，還能彼此分享各種建議、方法，好讓他們知道該如何在這個鼓勵外向的世界中自處。

據我所知，內向型人格或高敏感族比起以往更有勇氣了，他們會在決定離職前再多掙扎一些；也不再因為自己和別人不同而深感羞愧。當他們無法在工作上大展身手時，他們也比以前更願意去和主管討論其中的原因何在，如果他們覺得對方好像聽不懂自己在說什麼，甚至會去找組織中更高階層的人。

當然，還是有許多內向型的人仍舊怯於在公開場合為自己挺身而出，深怕這麼做會影響到自己在就業市場中的機會；即便如此，還是有越來越多的人開始擁抱自己的內向和敏感特質，他們挺直腰桿，藉著丟出自己的想法更站穩腳跟。對於全世界來說，這是個值得期待的趨勢。因為高敏感族和內向人更善於看到解決大大小小問題的新方法，他們也具備預測什麼事情可能會出錯的天分，更不再被「你應該更樂觀一些」或「不要這麼愛找麻煩」等類的言語給輕易打發掉。

當人們輕鬆做自己，並選擇為身為內向或高敏感的自己站出來時，他們就成了其他人的榜樣。這股力量向外擴散後，會讓越來越多人帶著這份自信扮演好自己的角色，不再躲躲藏藏，也不再感到羞愧。

我衷心希望，這樣的情況將持續下去：內向型和敏感的人越來越懂得怎麼劃清界線，安排自己的生活，充分發揮自我，讓這世界受惠於他們的專長。

我也真切地相信，這世界會有越來越多的人能明白：無論一個人的性格敏感或堅強，是男是女；不論他出身於何處，來自什麼背景，每個人的價值都是一樣的。因為自己與眾不同的懼怕，最後也能漸漸成為一種理解，明瞭就算自己跟別人不一樣，行為也大相逕庭，一切都沒有關係。

附錄

你是內向人還是外向人？（內向指數檢測）

線上自我檢測

以下32道題目，請依據個人感受選擇答案。

完全不符合：0分

幾乎不符合：1分

有一點符合：2分

幾乎符合：3分

完全符合：4分

	題目	分數
1	比起參加各式活動，我更喜歡保持安靜。	
2	我樂於與人談話或討論，即使要辯論，我也如魚得水。	

3	我會有選擇性的社交。除非是在特定情境下或和特定人士相處，否則我寧願獨處。	
4	我喜歡參加能有機會結識新朋友的大場合。	
5	別人曾說過我太沉默了。	
6	我總是隨遇而安，很少會過度擔心。	
7	我覺得與人閒聊是很累的事。	
8	我在講話前通常不須思索太久，思緒即可源源不斷。	
9	我不喜歡工作時有人在旁邊盯著我看。	
10	周遭太過安靜，會讓我覺得無趣，想要有人陪伴來振奮精神。	
11	參加聚會時，我希望預先知道可能發生的事。	
12	即使沒有事前準備，我也樂於接受新的挑戰。	

	題目	分數
13	我說話的語調大多輕柔溫和，很少大小聲。	
14	我會很怕生活無聊，會試著在行事曆上填滿行程。	
15	我對某些少數話題有深度的了解，但在其他許多領域我是知識不足的。	
16	我常是聚會中最後才走的人。	
17	面對大量來襲的資訊，我需要獨處來好好思考。	
18	我能從活動、互動中獲得能量，只要事情有趣就不覺得累。	
19	別人曾說我想太多。	
20	在團體中，我極少處於被動。即使面對陌生人，也能快速地融入。	
21	如果自身的經驗與一般的常識有衝突，我比較相信自己的直覺。	
22	我能與陌生人輕鬆交談，例如在公車站等車時。	

23	我每天都需要與自己獨處的時間。	
24	一旦靈感大發，即使別人正在說話也會迫不及待發表意見。	
25	一次和太多人交涉，會讓我感到吃力。	
26	我對周遭事物的動靜很感興趣，有時甚至會太過投入而廢寢忘食。	
27	生日時候只想和熟人在一起；在課堂上不喜歡成為眾人的目光焦點。	
28	如果我發現朋友為我安排驚喜派對時，我會欣然前往。	
29	我喜歡一對一，而非大團體的對話。	
30	我能快速適應新團體，並在新情境下依循新的思路思考。	
31	我傾向於依感受與直覺來回答某些事情，而非向外尋求答案。	
32	即使不參與，也喜歡觀賞他人的活動，寧可忙不過來也不要沒事做。	

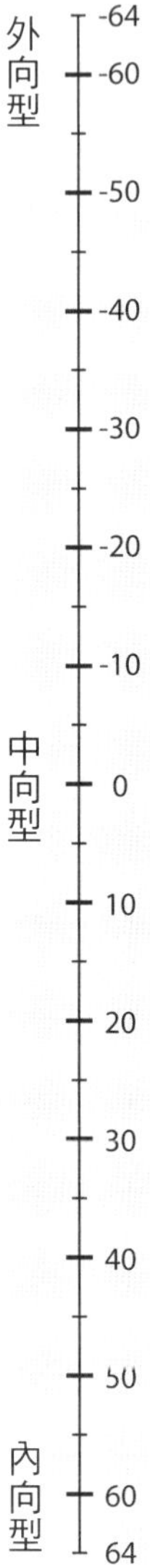

計分方式

單數題為第一組，雙數題為第二組。

請將兩組分數加總。假設在第一組中，每題答案皆為「幾乎不符合」（1 分），總分為 16；每題答案皆為「有一點符合」（2 分），總分則為 32。

將第一組總分減去第二組總分，所得分數即為你內向或外向的程度。如第一組總分為 28，第二組為 14，28 減 14，代表你的內外向分數為 14。

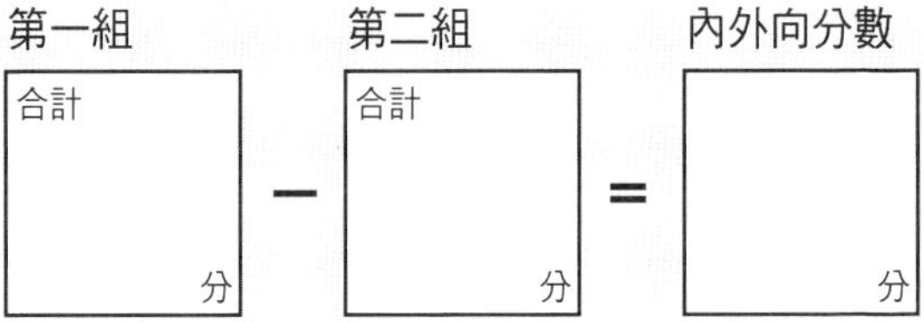

※ 在方格內填上你的分數

所得分數會在 ±64 之間。分數越高表示越內向，負分則表示越外向；如果分數為 0，表示你為中向型。得到分數後，將你的落點標記在左側量表。

附錄

你知道自己有多敏感嗎？（敏感程度檢測）

線上自我檢測

以下20道題目，請依據個人感受選擇答案。

完全不符合：0分
幾乎不符合：1分
有一點符合：2分
幾乎符合：3分
完全符合：4分

	題目	分數
1	我比多數人花更多精力預測可能出錯的狀況，先想好備案。	
2	我覺得一場輕鬆的競爭可以讓人重振精神。	

	題目	分數
3	面對大量過多的訊息時，我需要獨處來好好思考。	
4	不管周遭狀況如何，我大多是充滿精力且心情愉快。	
5	我很容易受良心苛責，產生罪惡感。	
6	我對社交場合樂此不疲（不需要離席透氣，也不介意從早待到晚）。	
7	我會對旁人覺得沒什麼的光線、味道和聲響感到煩躁。	
8	我很隨遇而安，很少煩惱。	
9	我無法忍受太大的溫差，必須調整溫度或移身他處。	
10	我喜歡不經準備便投身於新的體驗裡。	
11	比起一般閒聊，我喜歡親密、有深度、有意義的對話。	

題號	題目	
12	我喜歡在壓力下工作。	
13	如果自己做了蠢事，甚至影響到別人，我會覺得愧疚、有罪惡感。	
14	我認為生活過得很糟的人，絕大部分是自己的問題。	
15	當我看到別人在惡劣環境下工作會覺得難過（如在悶熱的空氣裡鏟東西或暴露在噪音下）。	
16	我夜晚總是睡得又香又甜，不受光線或聲音的干擾。	
17	我很容易受到啟發，得到許多好靈感。	
18	我覺得沒必要干涉別人對待寵物的方式，那是對方的責任。	
19	我喜歡徜徉於寧靜的大自然裡。	
20	我幾乎什麼都吃，不偏食也不會挑三揀四。	

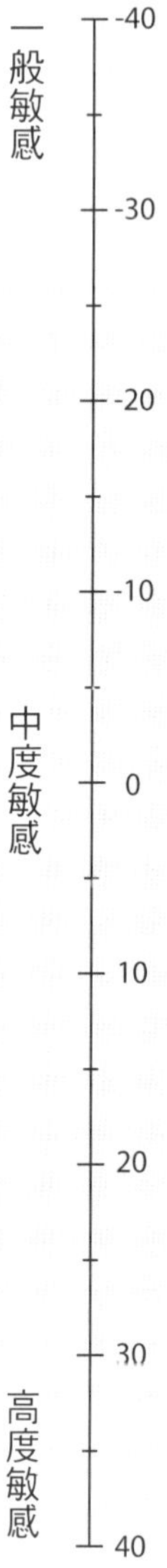

計分方式

單數題為第一組，雙數題為第二組。

請將兩組分數加總。如在第一組中，每題答案皆為「幾乎不符合」（1 分），總分為 10；每題答案皆為「有一點符合」（2 分），總分則為 20。

將第一組總分減去第二組總分，所得分數即為你的敏感程度。如第一組總分為 9，第二組為 10，9 減 10，代表你的敏感程度分數為 -1。

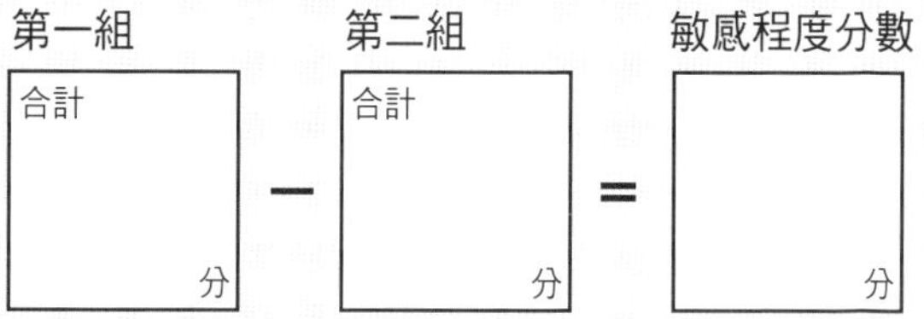

※ 在方格內填上你的分數

所得分數會在 ±40 之間，分數越高表示越敏感；如果分數為 0，表示你為中度敏感。得到分數後，將你的落點標記在左側量表。

在我的前作《高敏感是種天賦》中附有更完整的敏感度檢測量表，共48題。

對於這類測試結果，我們必須持保留態度。如果你想藉由測驗來了解某人，結果不一定準確，因為它有太多未被考量的層面。測驗結果也會因為你當天的心情或生活狀況而有出入。只要從檢測中找到你的人格特質即可，不要對結果過於鑽牛角尖。

謝辭

感謝心理治療師與神學大師班・法克（Bent Falk），過去這許多年來，我有幸在諸多不同場合傾聽他的分享。

感謝所有我在牧群服務，或我於治療師診所任職期間和我分享案例的高敏感朋友，以及曾經參加過我講座的人。由衷感謝你們願意讓我在書中分享故事給大家。感謝 introvert.dk 的馬丁・哈斯特普（Martin Håstrup），多次閱讀並與我討論手稿，給予深度回饋。

也謝謝激發我靈感的瑪吉斯・克里斯強森（Margith Christiansen）、琳恩・克隆姆・霍斯德（Line Crump Horsted）、克絲登・丹高德（Kirstin Damgaard）、珍娜・賽西兒・李高德（Janet Cecilie Ligaard）、克絲汀・桑德（Kirstine Sand）和克努德・艾瑞克・安德森（Knud Erik Andersen）。你們每個人都以自己的方式在這本書上留下印記。

參考文獻

- Aron, E. (1997) The Highly Sensitive Person. New York, NY: Broadway Books.（中譯：《高敏感族自在心法：你並不孤獨，只是與眾不同》，生命潛能出版）
- Aron, E. (2001) The Highly Sensitive Person in Love: Understanding and Managing Relationships When the World Overwhelms You. New York, NY: Broadway Books.
- Aron, E. (2002) The Highly Sensitive Child: Helping Our Children Thrive When the World Overwhelms Them. New York, NY: Broadway Books.（中譯：《孩子，你的敏感我都懂》遠流出版）
- Buber, M. (2010) I and Thou. Eastford, CT: Martino Fine Books. .
- Cain, Susan: Quiet – The Power of Introverts in a world that can't stop talking. Penguin 2013（中譯：《安靜，就是力量：內向者如何發揮積極的力量！》，遠流出版）
- Falk, Bent: Honest Dialogue. Presence, common sense, and boundaries when you want to help someone. Jessica Kingsley Publishers, 2017..
- Jung, C.G. (1976) Psychological Types. Princeton, NJ: Princeton University Press.

- Kagan, J. and Snidman, N. (2004) The Long Shadow of Temperament. Cambridge, MA: Belknap Press, Harvard University Press.
- Kagan, Jerome: Galen's Prophecy. Vestview Press, UK 1998.
- Laney, M.O. (2002) The Introvert Advantage: How to Thrive in an Extrovert World. New York, NY: Workman Publishing Company.（中譯：《內向心理學：享受一個人的空間，安靜地發揮影響力，內向者也能在外向的世界嶄露鋒芒！》，漫遊者文化出版）
- Rosenberg, M.B. (2003) Nonviolent Communication: A Language of Life. Encinitas, CA: PuddleDancer Press.（中譯：《愛的語言：非暴力溝通》，光啟文化出版）
- Sand, Ilse: Come Closer. Jessica Kingsley Publishers, 2017.
- Sand, Ilse: Tools for Helpful Souls. Jessica Kingsley Publishers, 2017.
- Sand, Ilse: Highly Sensitive People in an Insensitive World: How to Create a Happy Life. Jessica Kingsley Publishers, 2016.（中譯：《高敏感是種天賦：肯定自己的獨特，感受更多、想像更多、創造更多》，三采出版）
- Sand, Ilse: The Emotional Compass: How to Think Better about Your Feelings. Jessica

Kingsle Publishers, 2016.

- Yalom, I.D. (1980) Existential Psychotherapy. New York, NY: Basic Books.（中譯：《存在心理治療》，張老師文化出版）

國家圖書館出版品預行編目資料

【暢銷經典版】高敏感是種天賦實踐篇 / 伊麗絲．桑德作．-- 二版．-- 臺北市：三采文化, 2024.07
面；　公分．-- (Mind map)
譯自：On being an introvert or highly sensitive person
ISBN 978-626-358-456-3(平裝)

1. 氣質 2. 生活指導

173.73　　　　107000924

Mind Map 271

【暢銷經典版】高敏感是種天賦實踐篇

作者｜伊麗絲．桑德 (Ilse Sand)　譯者｜林怡君 蘇凱恩
專案主編｜黃迺淳　美術主編｜藍秀婷
封面設計｜方曉君　校對｜黃薇霓　內頁排版｜陳佩君

發行人｜張輝明　總編輯長｜曾雅青　發行所｜三采文化股份有限公司
地址｜台北市內湖區瑞光路 513 巷 33 號 8 樓
傳訊｜ TEL:8797-1234　FAX:8797-1688　網址｜ www.suncolor.com.tw
郵政劃撥｜帳號：14319000　戶名：三采文化股份有限公司
本版發行｜ 2024 年 7 月 31 日　定價｜ NT$400

suncolor

suncolor

suncolor